Meal Prep für Einsteiger, Berufstätige und Studenten

Köstliche und gesunde Rezepte zum Vorkochen, Mitnehmen und Zeit sparen – inkl. 4 Wochen Plan für eine ausgewogene Lebensweise

Alina Jung

INHALT

Einleitung

Gehetzt und mit Kopfschmerzen kommen Sie morgens auf der Arbeit an. Sie haben verschlafen. Sie setzen sich schnell an Ihren Schreibtisch. Zwischendurch bleibt Ihnen nur die Zeit, um schnell eine Tasse Kaffee aus der Büroküche zu holen. Nach zwei Stunden intensiver Arbeit beginnt Ihr Magen, zu rumoren. Sie schauen sich um, ob einer Ihrer Kollegen etwas gehört hat, aber alle schauen gebannt auf Ihre Bildschirme.

Sie haben noch keine Mittagspause und zum Essen konnten Sie sich in der Eile auch nichts mitnehmen. Sie wühlen in Ihren Schubladen, bis Sie einen halben Riegel finden. Genervt müssen Sie sich mit dem zermatschten alten Riegel begnügen. Ihre Konzentration lässt stetig nach. Sie sind heilfroh, als endlich die Mittagspause ist, und hetzen zur Imbissbude zwei Straßen weiter.

Eigentlich hassen Sie den Geruch von Fett an Ihrer Kleidung und haben heute auch keine Lust auf Pommes und Currywurst, aber Sie sind froh, wenn Sie überhaupt etwas zwischen die Zähne kriegen. Die Schlange ist unerwartet lang und so hoffen Sie, dass Sie es noch rechtzeitig schaffen. Als Sie endlich dran sind und Ihr Essen bekommen, schlingen Sie es herunter und kleckern dabei auf Ihren neuen Mantel. Sie versuchen, es abzuwischen, aber es wird noch schlimmer. Sie essen den letzten Rest schnell auf und eilen zurück ins Büro. Sie ziehen Ihre Jacke aus, bevor Sie sich wieder ins Büro begeben. Die anderen sollen nicht denken, dass Sie nicht essen können, ohne zu kleckern. Sie begnügen sich mit einer weiteren Tasse Kaffee und verbringen den Rest der Zeit wieder am Bildschirm. Mit Ihrem Projekt sind Sie nicht so weit gekommen, wie Sie es sich vorgestellt hatten. Ihnen bekam das Essen nicht und noch weniger, dass Sie sich schon den gesamten Tag abhetzten. Als Sie nach Feierabend Zuhause ankamen, waren Sie einfach nur fertig und total genervt. Und so stellen Sie sich die dringendste Frage: Was muss ich ändern, damit mir so etwas nicht noch einmal passieren kann? Sie können es nicht verhindern, dass Sie einmal verschlafen, aber Sie können dafür sorgen, dass Sie vorbereitet in den Tag starten – ganz egal, wie er beginnt. Sie müssen vor allem auf eines achten: Sie brauchen über den Tag verteilt sehr viel Energie, um die verschiedensten Aufgaben und Herausforderungen zu leisten.

Deshalb sollten Sie ausgewogen, gesund und regelmäßig essen. Sie fragen sich, wie Sie das nach einem langen Tag im Büro noch leisten sollen? Wie Sie dafür Sorge tragen, dass es langfristig auch so ist? Dann sollten Sie sich in diesem Buch mit der Idee des Meal-Prepping vertraut machen.

Wenn Sie morgens einfach nur in den Kühlschrank greifen brauchen und Ihr Mittagessen für Montag, Dienstag, Mittwoch, Donnerstag und Freitag bereitgestellt haben, dann ist das der ultimative Stresskiller. In diesem Buch lernen Sie die Vorzüge, die Besonderheiten und vor allem Rezepte rund um das Thema Meal-Prepping kennen. Sie erfahren, wie Sie Ihre Gerichte haltbar machen, Ihre Ernährung umstellen können und welche Vorzüge das Meal-Prepping für Sie bereithält. In einem Vier-Wochen-Plan werden Ihnen Rezepte aus diesem Buch vorgestellt. Schnuppern Sie rein in die Welt des Meal-Preppings.

Was ist Meal-Prep überhaupt?

Ursprünglich stammt die Idee des Meal-Preppings aus den USA. Die Idee ist jedoch nicht durch einen gestressten Büromitarbeiter geschaffen worden, sie stammt aus der Fitnessszene. Besonders Sportbegeisterte können so Ihre Ernährung gut im Blick behalten und im Voraus Ihre Nährstoffe einplanen. Ganz so extrem müssen Sie es nicht handhaben. Die Idee hat sich auch in den Büroalltag eingeschlichen: gutes selbstgekochtes Essen statt liebloses Kantinenessen. Da müssen die meisten nicht zweimal nachdenken. Die größte Herausforderung am Meal-Prepping ist nicht das Kochen oder Planen – Sie werden erstaunt sein, wie schnell Sie einige Gerichte zubereiten können –, die größte Herausforderung besteht darin, eine Routine zu entwickeln.

VORTEILE DES MEAL-PREPPINGS

Wenn Sie abnehmen möchten und im Arbeitsalltag dafür kaum die Zeit finden, eignet sich das Meal- Prepping hervorragend dafür. Sie können anhand der Nährstoffe errechnen, welche Mahlzeiten besonders für Ihre persönliche Abnehm-Challenge geeignet sind. Hier werden Sie aber auch noch einmal einige gesunde Rezepte aufgeführt bekommen. Die Mahlzeiten führen aber auch dazu, dass Sie gar nicht erst zur Imbissbude in Ihrer Pause flitzen oder das Schokobrötchen beim Bäcker um die Ecke kaufen. Dadurch ernähren Sie sich reichhaltiger und bewusster.

Achten Sie möglichst darauf, beim Vorkochen alle Lebensmittel zu verwenden, um eine Lebensmittelverschwendung zu vermeiden. Wenn Sie regionale Lebensmittel verwenden, ist nicht nur die Frische der Lebensmittel garantiert, Sie tun ebenfalls der Umwelt etwas Gutes. Damit geben Sie aber auch langfristig weniger Geld aus, da Sie nichts Fertiges mehr kaufen müssen, wenn Sie mit Ihren Kollegen zu Mittag essen. Durch das Meal-Prepping können Sie auch die Vorgaben der Lebensmittelpyramide für eine ausgewogene Ernährung besser einhalten. Sie erfahren mehr zu der Ernährungspyramide im entsprechenden Kapitel, bevor Sie zum Vier-Wochen-Plan kommen.

So haben Sie auch an besonders stressigen Tagen einen Überblick darüber, welche Nährwerte und wichtigen Vitamine Sie zu sich nehmen sollten. Hinzu kommt, dass Sie dadurch einplanen können, was Sie bei Ihrem wöchentlichen Großeinkauf alles einkaufen müssen, um gut eingedeckt zu sein. Das Vorplanen der Gerichte hilft Ihnen dabei, keine Lebensmittel einzukaufen, die letztlich keine Verwendung finden. Außerdem müssen Sie dadurch auch weniger befürchten, noch öfter für kleinere Einkäufe zwischendurch den nächsten Supermarkt aufsuchen zu müssen.

Viele glauben, Meal-Prep bestünde nur daraus, eine riesige Portion zu kochen, diese in Tupperdosen abzufüllen und sich davon die gesamte Woche zu ernähren. Das können Sie machen, aber es gibt deutlich attraktivere Möglichkeiten, welche Mahlzeiten Sie sich zubereiten können.

Tipps und Tricks

Für das perfekte Meal-Prep ist es auch wichtig, dass Sie gut ausgestattet sind. Ohne Behälter und Dosen haben Sie nichts, worin Sie Ihre Mahlzeiten mitnehmen könnten. Da Sie auch für eine Woche im Voraus kochen, ist es empfehlenswert, mehr Behälter zu besorgen. Am besten empfiehlt es sich, für die Mittagsmahlzeiten dieselben Behälter in einer mindestens fünffachen Ausführung zu besorgen.

Es ist ratsam, Glasbehälter zu verwenden. Plastikdosen verfärben, verkratzen und sind oftmals nicht spülmaschinengeeignet. Hinzu kommt, dass die Glasbehälter um einiges nachhaltiger sind. Behälter aus Borosilikatglas sind besonders langlebig, da Sie bei sehr hohen Temperaturen gebrannt werden. Damit ist besonders der Boden solcher Behälter hitzebeständig.

Auch wenn Sie einmal eine Mahlzeit nicht schaffen, weil Sie spontan eingeladen werden oder einfach einmal keine Lust auf die Mahlzeit haben, können Sie diese ohne Bedenken einfrieren. Denn Behälter aus Borosilikatglas sind auch besonders kältebeständig.

Für Ihr Frühstück sollten Sie auch einen Behälter haben, der Müsli und Quark oder Joghurt getrennt halten kann. So vermeiden Sie, dass es matschig wird. Dies ist in allen möglichen Supermarktketten erhältlich. Dasselbe gilt für Salat. Es ist ratsam, entweder Salat und Sauce zu schichten oder die Sauce in einem getrennten Behälter bis zum Verzehr aufzubewahren. So verhindern Sie, dass sich der Salat mit der Sauce vollsaugt und labbrig wird, bevor Sie ihn überhaupt genießen konnten.

Bei der Haltbarkeit gibt es einige Regeln zu beachten, die Ihnen helfen, Ihr Meal-Prep so effizient und frisch wie möglich zu gestalten. Es bietet sich an, am Ende der Woche die Mahlzeiten vorzubereiten:

- An einem Sonntag haben Sie die Möglichkeit, das Essen in Ruhe vorzubereiten und für eine Woche zu planen.
- Es gilt im Allgemeinen die Regel: Das, was am schnellsten verderben könnte, zuerst zu essen. Daher überlegen Sie sich, was Sie die ersten beiden Tage essen wollen und besonders schnell verzehrt werden muss.
- Früchte und Salat werden grundsätzlich am schnellsten schlecht. Daher sollten Sie vorgeschnittenes Obst schnellstmöglich in einen Behälter geben und kühl stellen, damit es ein bis zwei Tage haltbar ist.
- Stapeln Sie die Lebensmittel, wenn alles in ein Glas soll. Obst oder Gemüse kommen ganz zum Schluss rein, um nicht matschig zu werden.

Wochenregel

Bei den herzhaften Gerichten können Sie sich Folgendes merken:

- Montag und Dienstag für Fisch und Salat. Gerichte, die Sie roh zu sich nehmen wollen oder leicht verderblich sind, eignen sich am besten für den Wochenstart. Wenn Sie in Ihre Planung einen Salat mit Garnelen oder Lachs auf Blattspinat einplanen, sollten Sie dies am Montag oder Dienstag verzehren.

- Reisgerichte, Hähnchen und gebratenes Gemüse sollte es am besten mittwochs und donnerstags geben. Gekochte und gebratene Gerichte halten etwa 3-4 Tage im Kühlschrank.

- Für Donnerstag und Freitag sollten Sie vorzugsweise Gerichte einplanen, die gut eingefroren oder eingekocht werden können.

An dieser Stelle aber auch noch einmal eine Tabelle, die als Hilfe zur Bestimmung der Haltbarkeit dienen soll.

Lebensmittel	Im Kühlschrank	Im Gefrierfach
Fleisch (gekocht oder gebraten)	Drei bis fünf Tage	4-6 Monate
Suppe/Eintopf	Drei bis vier Tage	2-3 Monate
Geflügel (gekocht oder gebraten)	Drei bis vier Tage	4-6 Monate
Fisch	Ein bis zwei Tage	4-6 Monate
Eier (hart gekocht)	Ein bis zwei Wochen	/
Brot	Zwei bis drei Tage	4-6 Monate
Salat	Ein bis zwei Tage	/
Reisgericht	Drei bis vier Tage	1-2 Monate
Nudeln	Ein bis zwei Tage	1 Monat
Müsli (eingeweicht)	Ein bis zwei Tage	/
Quinoa	Zwei bis drei Tage	/

(vgl., Hermann, 2018)

Zubereitungshinweise

- Sie sollten bei allen Gerichten beachten, diese nicht zu lange zu kochen, zu garen oder zu braten, denn Sie wollen die Gerichte ja noch einmal aufwärmen. Damit Ihr Gericht also nicht matschig oder pampig wird, kochen Sie es bis zu dem Grad, bei dem eine gewisse Bissfestigkeit noch vorhanden ist.

- Schätzen Sie Ihre Portionen gut ein, um eine Lebensmittelverschwendung zu vermeiden.

- Lassen Sie Ihre Gerichte ausreichend abkühlen, damit die Restwärme beim Verschließen nicht noch Wasser bildet und Ihre Gerichte dieses aufsaugen.

- Rote Beete und Spinat beinhalten Nitrat. Diese sollten deshalb nicht zu oft wieder erwärmt werden, da daraus Nitrit werden kann, das schädlich ist.

Rezepte für das perfekte Meal-Prep

Nun geht es um das Herzstück des Meal-Preppings: die Rezepte. Die Aufteilung erfolgt nach Anfänger, Fortgeschrittene und Profis. Daher werden die Frühstücksrezepte zu Beginn vorgestellt, während die aufwendigeren Rezepte anschließend in den Kategorien der Fortgeschrittenen und Profis vorgestellt werden. Sie können sich an die Reihenfolge halten und erst einmal nur ein Frühstücks-Meal-Prepping ausprobieren. Sie können aber auch frei ausprobieren, was Ihnen lieber ist. Finden Sie es heraus!

Rezepte für Anfänger

Die folgenden Rezepte eignen sich besonders gut für Anfänger, da sie keiner besonderen Zutaten bedürfen und auch von der Zubereitungszeit relativ schnell fertigzustellen sind. Für Anfänger eignen sich zum Reinschnuppern in die Welt des Meal-Preppings vor allem das Frühstück und ein leichtes Mittagessen. Daher werden nun 15 Rezepte rund um das Thema Frühstück und leichte Kost zum Mittagessen im Büro vorgestellt.

ZIMT-CRANBERRY-APFEL-PORRIDGE

Zutaten:

- 300 ml Milch (alternativ, wenn Sie mögen, Hafermilch)
- 2 süße rote Äpfel
- 80 g Haferflocken (ungeschrotet)
- 1 Handvoll getrocknete Cranberrys
- 1 Prise Zimt
- 1 Teelöffel Vanillezucker
- 3 Esslöffel Leinsamen
- 2 Esslöffel gehackte Nüsse (Haselnüsse, Walnüsse oder Mandeln)

Zubereitung:

1. Milch, Haferflocken, Zimt und Leinsamen gemeinsam in einen Topf geben und unter ständigem Rühren aufkochen.

2. Anschließend den Vanillezucker hinzugeben. Das Ganze etwas abkühlen lassen. In der Zwischenzeit die Äpfel waschen, schälen, vierteln und schließlich anbraten. Am besten noch eine Prise Zimt hinzugeben. Nach kurzer Zeit vom Herd nehmen und in den Porridge geben.

3. Nüsse und die getrockneten Cranberrys für einen knackigen Biss mit ins Porridge geben und vermengen. Das Porridge kann in ein Glas gegeben und über Nacht kühl gestellt werden. Fertig ist Ihr Frühstück für das Büro.

4. Sie können eine größere Portion Porridge machen und sich diese für zwei bis drei Tage aufteilen. Geben Sie dafür einfach später frisches Obst in Ihr Porridge, wie Blaubeeren oder Bananen. Diese können Sie einfach

später auf Ihr Porridge träufeln und fertig ist Ihr Frühstück für unterwegs oder für die Arbeit.

SKYR MIT BLAUBEEREN UND MÜSLI

Zutaten:

- 200 g Skyr (besonders fettarmen Joghurt in allen Geschmacksrichtungen finden Sie in jedem Supermarkt)
- 60 g Naturjoghurt
- 200 g Blaubeeren (alternativ können Sie auch andere Früchte verwenden)
- 60 g Müsli (nehmen Sie am besten eines mit hohem Vollkornanteil)
- 1 Handvoll geraspelte Mandeln
- 1 Teelöffel Honig (zum Süßen)

Zubereitung:

1. Vermengen Sie den Skyr und den Naturjoghurt miteinander und rühren Sie kräftig um, bis Sie eine cremige Konsistenz erreicht haben. Waschen Sie Ihre Blaubeeren und geben Sie diese schließlich in die Joghurtmasse hinein.

2. Verrühren Sie den Honig im Joghurt, um ihn zu süßen. Das Müsli und die geraspelten Mandeln obendrauf geben. Später können Sie diese mit dem Joghurt vermischen.

3. Alternativ gibt es auch Behälter, in denen das Müsli erst beim Essen in den Joghurt gegeben werden kann. So können Sie sicherstellen, dass Sie kein matschiges Müsli haben, wenn Sie im Büro oder vor der Arbeit noch schnell frühstücken.

BANANENPANCAKES MIT ERDBEERQUARK

Zutaten:

- 1 halbe Banane
- 3 Esslöffel Mehl
- 1 ½ Esslöffel Milch
- etwas Butter
- 2-3 gefrorene Erdbeeren
- 100 g Quark

Zubereitung:

1. Mehl und Milch werden miteinander verrührt. Die Banane wird klein gestampft und zur Masse hinzugegeben. Alles gut verrühren. Anschließend wird der Teig mit etwas Butter in der Pfanne angebraten.

2. Die gefrorenen Erdbeeren werden zusammen mit dem Quark im Mixer cremig püriert, bis der Quark eine rosa-rote Farbe erhält. Wenn Sie es mögen, können Sie einige Stückchen der Erdbeeren unpüriert lassen.

3. Pancakes und Quark in eine Dose geben und mit auf die Arbeit nehmen. Fertig ist Ihr Pancake für unterwegs. Die Pancakes können Sie an einem Wochenende in großer Menge machen und sich für die nächsten Tage im Kühlschrank aufbewahren. Das Gleiche gilt für den Erdbeerquark, den Sie alternativ auch mit Ihrem Müsli mitnehmen können.

BEEREN-CHIA-BOWL

Zutaten:

- 3 Esslöffel Chiasamen (erhältlich in Reformhäusern und Drogerien)
- 1 Teelöffel Agavendicksaft
- 200 ml Milch (ersatzweise auch Mandelmilch)
- 125 g tiefgekühlte Beeren
- 1 tiefgefrorene Banane
- 1 halbe frische Banane
- 2 Esslöffel Goji-Beeren
- 2 Esslöffel gehackte Haselnüsse

Zubereitung:

1. Chiasamen, gefrorene Beeren, die gefrorene Banane, Milch und Agavendicksaft für die Süße in einen Mixer geben und alles cremig pürieren. Anschließend kommt die Creme in den Kühlschrank, bis sie etwas fester wird.

2. Zum anschließenden Verzehr die Masse in eine tiefe Schale geben, Kiwi schälen, in dünne Scheiben schneiden und dasselbe mit der frischen Banane wiederholen. Anschließend die Masse damit garnieren und Goji-Beeren und Nüsse obendrauf streuen. Fertig ist Ihre Beeren-Chia-Bowl.

3. Die Masse hält im Kühlschrank einige Tage. Daher ist Sie besonders auch als Frühstück oder als Mahlzeit für zwischendurch geeignet.

TOAST MIT HERZHAFTEM SÜßKARTOFFELAUFSTRICH

Zutaten:
- 1 große Süßkartoffel
- 3 Teelöffel Sesampaste (auch als Tahini bekannt. Mittlerweile auch in Supermärkten erhältlich, kann aber auch einfach selbst hergestellt werden)
- 1 Teelöffel frischer Limettensaft
- 1 kleine Prise Paprikapulver
- 1 Prise Cumin
- etwas Salz und Pfeffer
- 2 Esslöffel Leinsamenöl
- 1 Esslöffel Olivenöl
- 1 Esslöffel Kürbiskerne
- 4 Scheiben Toast (am besten Vollkorntoast)
- etwas Rucola zum Garnieren

Zubereitung:

1. Süßkartoffeln waschen, schälen, in kleine Stücke schneiden und mit etwas Olivenöl etwa 2-3 Minuten anbraten. Anschließend etwas Wasser in die Pfanne geben und die Süßkartoffelstücke kochen, bis sie weich geworden sind.

2. Anschließend wird das Wasser abgegossen und die Süßkartoffeln werden zu einer weichen Masse gestampft. Das Tahini und die Gewürze dazugeben. Mit dem Leinsamenöl, den Kürbiskernen und dem Limettensaft vermengen und gut durchmischen.

3. Die Toastscheiben knusprig toasten und mit dem Süßkartoffelmus bestreichen. Den Rucola dazugeben und die Scheiben aufeinanderlegen. Fertig ist Ihr herzhaft gesundes Frühstück.

4. Den Süßkartoffelmus können Sie in einer größeren Menge am Wochenende vorbereiten und im Kühlschrank lagern. So können Sie die nächsten 3 Tage ein Süßkartoffeltoast als Frühstück oder Zwischenmahlzeit einplanen.

HERZHAFTE TOMATEN-ZUCCHINI-MUFFINS

Zutaten:

- 90 g getrocknete Tomaten
- 250 g Zucchini
- 1 Handvoll Petersilie
- 100 ml Sahne
- 100 g Käse (am besten ist Schnittkäse)
- etwas Salz und Pfeffer
- 2 Eier
- 200 g Mehl
- 100 g Frischkäse (vorzugsweise mit Kräutern)
- 1 Packung Backpulver

Zubereitung

1. Die Zucchini wird gewaschen, geschält und schließlich grob gerieben. Der Käse wird feingerieben. Beides in eine Schüssel geben und miteinander vermischen.

2. Die getrockneten Tomaten werden in kleine Stücke geschnitten. Die Petersilie wird feingehackt.

3. Die Sahne wird cremig verrührt. Die Eier werden in einem getrennten Behälter ebenfalls cremig verrührt.

4. Alle Zutaten nun mit dem Mehl, dem Frischkäse und dem Backpulver vermengen und zu einer cremigen Masse rühren. Anschließend mit Salz und Pfeffer würzen.

5. Muffinförmchen einfetten oder Papierförmchen bereitstellen. Die Masse in die Förmchen geben und bei 175 Grad Umluft 20 bis 25 Minuten im Ofen backen lassen.

6. Damit schaffen Sie eine Portion von 12 Muffins. Diese können Sie auf mehrere Tage verteilt als Zwischenmahlzeiten oder Frühstück einplanen.

LUFTIG LOCKERE FRÜHSTÜCKSWAFFELN MIT MANDARINENQUARK

Zutaten:
- 180 g Haferflocken
- 1 Prise Zimt
- 450 g Frischkäse (Achtung: körniger Frischkäse)
- ein wenig Milch
- 4 Eier
- 1 Dose Mandarinen
- 100 g Quark
- etwas Butter (zum Einfetten des Eisens)

Zubereitung:

1. Alle Zutaten kommen in den Mixer und werden miteinander püriert. Es wird so viel Milch dazugegeben, bis ein festerer Brei daraus entsteht.

2. Die Mandarinen abtropfen lassen und in den Quark unterheben. Anschließend kühl stellen.

3. Die Waffeln im Eisen backen. Es werden etwa 8 Stück. Diese können Sie im Kühlschrank aufbewahren und im Laufe der Woche nur etwas in der Pfanne aufwärmen und genießen. Gemeinsam mit dem Mandarinenquark und bei Bedarf mit anderen Früchten verzehren.

KICHERERBSEN-SALAT MIT ALLERLEI

Zutaten:

- 250 g Kichererbsen
- 1 halbe Gurke
- 1 Tomate
- 1 hart gekochtes Ei
- etwas Essig
- 1 Handvoll Kräuter (Dill, Petersilie oder Basilikum)
- Olivenöl
- Salz und Pfeffer

Zubereitung:

1. Die Kichererbsen abtropfen lassen und bei ungeschälten Kichererbsen noch die Schale abziehen.

2. Gurke und Tomate schneiden und fein würfeln. Das hart gekochte Ei pellen und ebenfalls in Würfel schneiden. Die Kräuter fein hacken.

3. Alles in eine Schüssel geben und das Dressing vorbereiten. Olivenöl und Essig mit etwas Wasser vermischen. Dabei gilt zwei Esslöffel Olivenöl, ein Esslöffel Essig und drei Esslöffel Wasser. Kräuter, Salz und Pfeffer nach Bedarf hinzugeben und abschmecken.

4. Sauce separat aufbewahren bis zum Verzehr. Fertig ist Ihr Frühstückssalat. Sie können eine große Menge davon zubereiten und die ersten drei Tage davon etwas zum Frühstück und als Zwischenmahlzeit essen.

HIMBEERTRAUM-SMOOTHIE

Zutaten:

- 1 halbe tiefgefrorene Banane
- 20-30 g Heidelbeeren
- 20-30 g Himbeeren
- 1 Handvoll Spinat
- ein Schuss kaltes Kokosnusswasser

Zubereitung:

1. Früchte und Spinat waschen und mit den restlichen Zutaten in den Mixer geben, bis eine cremige Konsistenz erreicht ist. Nach Bedarf mehr oder weniger Kokosnusswasser hinzugeben.

2. Bei einer größeren Menge können Sie zwei bis drei Tage Smoothies zu sich nehmen. Wenn Sie eine fitnessreiche Ernährung wollen, geben Sie noch ein wenig von Ihrem Fitnesspulver in Ihren Smoothie.

AVOCADO-ERDBEER-WUNDER-SMOOTHIE

Zutaten:

- 1 halbe tiefgefrorene Banane
- 1 Handvoll Spinat
- 1 Hälfte einer halben Avocado
- 20-30 g Erdbeeren
- ein Schuss kaltes Kokosnusswasser

Zubereitung:

1. Spinat und Erdbeeren waschen. Avocado in kleine Würfel schneiden. Alles in den Mixer geben und cremig mixen. Nach Bedarf mehr oder weniger Kokosnusswasser hinzugeben. Alternativ eignet sich auch Apfelsaft oder Hafermilch.

2. Am besten planen Sie den Rest der Avocado in ein anderes Rezept mit hinein.

MANGO-INSEL-SMOOTHIE

- 1 halbe gefrorene Banane
- 20-30 g Heidelbeeren
- 20-30 g Mango
- 1 Handvoll Spinat
- ein Schuss kaltes Kokosnusswasser

Zubereitung:

1. Spinat, Heidelbeeren und Mango waschen. Die Mango in Würfel schneiden.

2. Alles in den Mixer geben und cremig mixen. Je nach Bedarf mehr oder weniger Kokosnusswasser hinzugeben.

Tipp: Für die Smoothie-Rezepte empfiehlt es sich auch, das Obst entweder fertig geschnitten zu kaufen oder, noch besser, das Obst selbst in Würfel zu schneiden und griffbereit im Kühlschrank aufzubewahren. Sie können am Sonntag eine größere Menge mixen, diese über die nächsten drei Tage gekühlt aufbewahren und nach und nach verbrauchen. Alternativ empfiehlt es sich, in einem Glasbehälter alle Zutaten für den Smoothie am Morgen aufzubewahren und diese morgens dann nur noch zu mixen und wieder in den Behälter zu füllen. So haben Sie auf der Arbeit immer einen gesunden Start.

BUNTER LINSENSALAT

Zutaten:

- 200 g Linsen (vorzugsweise rote)
- 5 fleischige Tomaten
- 650 ml Gemüsebrühe
- 1 Knoblauchzehe
- 2 Zwiebeln (vorzugsweise rote)
- 2 Esslöffel Zitronensaft
- 5 Esslöffel Olivenöl
- Salz und Pfeffer
- 100 g gehackte Petersilie
- 500 g Quark
- 1 Handvoll Dill

Zubereitung:

1. Linsen in der Gemüsebrühe aufkochen. Sie dürfen jedoch nicht zu weich werden und müssen einen angenehmen Biss haben.

2. Tomaten, Zwiebeln und Kräuter waschen. Tomaten in kleine Würfel schneiden. Den Knoblauch und die Zwiebeln fein hacken. Die Kräuter hacken.

3. Zwiebeln und Knoblauch mit dem Zitronensaft und dem Olivenöl vermengen und mit Salz und Pfeffer würzen. Dies wird anschließend mit den Linsen und Tomaten vermischt. Die Petersilie darauf streuen oder bei Bedarf auch einfach mit verrühren. In den Quark den Dill geben und etwas mit Salz und Pfeffer würzen.

4. Linsensalat und Quark in getrennten Behältern transportieren und im Büro oder auch zwischendurch verspeisen. Diese Menge reicht für eine ganze Woche. Das Rezept eignet sich besonders gut für die Sommermonate.

LACHS AUF GRÜNER WAFFEL

Zutaten:

- 2 Eier
- 350 ml Milch
- 100 g Spinat (vorzugsweise frisch)
- 200 g Mehl
- 1 halben Teelöffel Backpulver
- 1 halben Teelöffel Salz
- 1 Esslöffel Butter
- 1 reife Avocado
- 100 g Frischkäse
- 200 g Lachs (geräuchert)
- etwas Salz und Pfeffer

Zubereitung:

1. Eier, Mehl, Milch, Backpulver, Butter und Salz mixen und nach und nach den Spinat dazugeben. Verrühren Sie den Teig, bis er eine dickflüssige Konsistenz hat.

2. Das Waffeleisen mit etwas Butter einfetten und vorheizen. Anschließend die Waffeln darin backen.

3. Avocado entkernen, schälen und in dünne Scheiben schneiden. Die Waffel jeweils vierteln. Zwei Stücke werden mit dem Frischkäse bestrichen. Lachs und Avocado anschließend drauflegen. Mit Salz und Pfeffer würzen und die anderen Waffelhälften obendrauf legen.

4. Das Rezept reicht für vier Portionen. Waffeln können am Wochenende vorgebacken werden und die restlichen Zutaten am Morgen oder am Abend zuvor darauf gegeben werden. So haben Sie das maximale Gefühl einer frischen Zubereitung. Dieses Rezept ist besonders für die ersten beiden Wochentage geeignet.

WÜRZIGES FALAFELSANDWICH

Zutaten:

- 120 g Kichererbsen
- 1 Zucchini
- 1 Knoblauchzehe
- 1 Avocado
- 1 halbe Fleischtomate
- 1 Handvoll Rucola
- 1 Ciabattabrot
- Salz und Pfeffer

Zubereitung:

1. Den Ofen auf 190 Grad vorheizen und das Backblech mit Backpapier vorbereiten.

2. Zucchini waschen und in kleine Würfel schneiden. Bei den Kichererbsen das Wasser ausgießen und waschen. Beides anschließend mit einem Schuss Olivenöl mixen, bis eine feste Masse daraus geworden ist.

3. Etwas Salz dazugeben und stehen lassen. Knoblauch fein hacken und in die Masse unterheben. Aus der Masse werden zwei Frikadellen geformt. Diese schließlich auf das Backblech geben und 15 Minuten im Ofen lassen.

4. Die Avocado wird geschält, entkernt und zu einer Masse zerdrückt. Das Brot wird schließlich mit der Avocadocreme bestrichen. Zwei Scheiben von der Fleischtomate schneiden und auf das Brot legen. Zum Schluss kommen die Falafel und der Rucola darauf. Dann die obere Brothälfte auflegen.

5. Bei Bedarf können Sie auch Balsamicoessig obendrauf geben. Die Falafel lassen sich hervorragend am Wochenende vorbereiten und sind im Kühlschrank dann mehrere Tage haltbar.

KNACKIGER GRÜNKOHLSALAT MIT ÄPFELN UND CASHEWNÜSSEN

Zutaten:

- 300 g frischer Grünkohl
- 60 g Cashewnüsse
- 2 Äpfel (vorzugsweise Grüne, z. B. Granny Smith)
- 1 Granatapfel
- 60 ml Essig (vorzugsweise Rotweinessig)
- 80 ml Olivenöl
- 1 halben Teelöffel Salz
- 1 halben Teelöffel Pfeffer
- 1 halben Teelöffel Dijon-Senf

Zubereitung:

1. Grünkohl waschen und die Stängel entfernen. Diesen in Stücke schneiden, die mundgerecht sind.

2. Granatapfel schälen, die Kerne herauspulen und zerdrücken. Anschließend den Saft durch ein Sieb filtern, um diesen möglichst kernfrei weiterverwenden zu können.

3. Olivenöl, Granatapfelsaft, Senf, Essig, Salz und Pfeffer vermischen.

4. Die Äpfel in schmale Spalten schneiden. Grünkohl und Apfelspalten in eine Schüssel geben und die Cashewnüsse darüberstreuen. Im Büro das Dressing darüber geben. Fertig ist der Salat für die Mittagspause. Das Rezept ist besonders für die ersten beiden Wochentage geeignet.

Rezepte für Fortgeschrittene

Die folgenden Rezepte sind für Fortgeschrittene geeignet, da diese eine größere Variationsbreite an Zutaten und Geschmackserlebnissen bieten. Verschiedene Kategorien halten für jede Form der Ernährung etwas bereit. Von veganen und vegetarischen Rezepten über Rezepte mit vielen Proteinen bis hin zu Rezepten mit kulinarischer Vielfalt hält dieses Kapitel alles für Sie bereit.

SOJANUDELN MIT ERDNUSSSAUCE UND GEMÜSE

Zutaten:

- 200 g Sojanudeln
- 350 g gefrorenes Gemüse (z. B. Suppengemüse oder Kaisergemüse)
- 1 frische Zucchini
- 2 frische Möhren
- 1 Stange Staudensellerie
- 1 rote Zwiebel
- 3 Esslöffel Erdnussmus
- 1 Esslöffel Sojasauce
- 1 Esslöffel frisch gepresster Limettensaft
- 1 Esslöffel Erdnussöl
- jeweils 1 Teelöffel Kurkuma und Paprikapulver
- Salz und Pfeffer

Zubereitung:

1. Kochen Sie die Sojanudeln nach Packungsanweisung und erhitzen Sie das gefrorene Gemüse bei mittlerer Hitze.

2. Schneiden Sie währenddessen das frische Gemüse in kleine Würfel, erhitzen Sie Erdnussöl in einer Pfanne und braten Sie zuerst die Zwiebeln und dann das restliche Gemüse scharf an.

3. Vermengen Sie das ganze Gemüse mit den Sojanudeln und rühren Sie Erdnussmus, Sojasauce, Limettensaft und die Gewürze unter.

4. Wenn Sie es gerne nussig mögen, geben Sie noch ganze Erdnüsse zum Gericht hinzu. Falls Sie das Gericht im Kühlschrank aufbewahren wollen, bereiten Sie die Nudeln und das Gemüse getrennt von der Sauce zu. Geben Sie zu den Nudeln nur ein bisschen Öl, damit diese nicht klebrig werden.

KARTOFFELN MIT ERBSENPÜREE UND RÄUCHERTOFU

Zutaten:

- 4 große, halbierte oder geviertelte Kartoffeln
- 1 Päckchen Tiefkühlerbsen
- 1 Packung Räuchertofu
- je 1 Teelöffel Kurkuma und Paprikapulver
- Salz und Pfeffer

Zubereitung:

1. Kochen Sie die Kartoffeln im gesalzenen Wasser und die Erbsen, bis diese weich sind.

2. Schneiden Sie den Räuchertofu in feine Stücke und pürieren Sie ihn zusammen mit den Erbsen und den Gewürzen.

3. Servieren Sie die Kartoffeln zusammen mit dem Püree.

4. Sie können den Räuchertofu auch mit Öl und Gewürzen anbraten und diesen separat verspeisen.

FUSILLI MIT SOJA-BOLOGNESE

Zutaten:

- 200 g Fusilli
- 50 g Sojageschnetzeltes
- 1 Päckchen passierte Tomaten
- 2 Esslöffel Tomatenmark
- 1 rote klein gehackte Zwiebel
- 2 Esslöffel Olivenöl
- je ein Esslöffel frisches Oregano und Basilikum
- 1 Teelöffel Paprikapulver
- Salz und Pfeffer

Zubereitung:

1. Kochen Sie die Nudeln nach Packungsanweisung, geben Sie das Sojageschnetzelte in einen Topf und gießen Sie kochendes Wasser (Menge: siehe Packungsanleitung) hinzu.

2. Geben Sie die Gewürze zum Sojageschnetzelten und lassen Sie dieses für etwa fünf Minuten ziehen.

3. Rühren Sie die passierten Tomaten, das Tomatenmark und die Zwiebeln mit in den Topf, rühren Sie gut um und schmecken Sie das Gericht mit Salz und Pfeffer ab.

4. Das Gericht ist ideal zum Mitnehmen und schmeckt auch abgekühlt noch sehr gut.

GERÖSTETE SÜßKARTOFFELECKEN MIT BOHNENSAL

Zutaten:

- 1 Süßkartoffel
- 250 g tiefgekühlte, grüne Bohnen
- 250 g weiße Bohnen aus dem Glas
- 1 kleine rote Zwiebel
- 2 Esslöffel frische, gehackte Petersilie
- 100 g Feta
- 1 Esslöffel Sesam
- 2 Esslöffel Walnusskerne
- 3 Esslöffel Olivenöl
- 2 Esslöffel Balsamessig
- 1 halber Teelöffel Rohrzucker
- Salz, Pfeffer, Kreuzkümmel

Zubereitung:

1. Vierteln Sie die Süßkartoffel in kleine Spalten oder Stücke, legen Sie sie auf ein Backblech mit Backpapier, heizen Sie den Ofen auf 200 Grad Celsius vor und beträufeln Sie die Süßkartoffel-Stücke mit einem Esslöffel Olivenöl und würzen Sie mit Sesam, Salz, Pfeffer und Kreuzkümmel. Lassen Sie die Kartoffeln für etwa 30 Minuten im Ofen.

2. Bereiten Sie währenddessen den Salat vor. Kochen Sie die grünen Bohnen im kochenden Salzwasser für etwa zehn Minuten, spülen Sie die weißen Bohnen ab, hacken Sie die Walnüsse und die Zwiebel und bereiten Sie ein Dressing aus Balsamessig, Öl, Rohrohrzucker, Salz und Pfeffer vor.

3. Vermengen Sie die Bohnen mit den Walnüssen, den Zwiebeln, der Petersilie und dem Dressing.

4. Geben sie die gerösteten Süßkartoffeln und den zerbröselten Feta zum Salat.

5. Natürlich können Sie statt Süßkartoffeln auch normale Kartoffeln verwenden. Achten Sie nur darauf, dass Sie in diesem Fall auch die Backzeit verlängern

LAUCHFRITTATA MIT FRISCHEN KRÄUTERN

Zutaten:

- 1 Stange Lauch
- 8 Eier
- 50 ml Schlagsahne
- 20 g frischer, geriebener Parmesan
- 1 Handvoll frische Kräuter aus Dill, Koriander und Petersilie
- 2 Esslöffel Olivenöl
- Salz und Pfeffer

Zubereitung:

1. Halbieren Sie den Lauch, schneiden Sie ihn in feine Streifen und hacken Sie die Kräuter.

2. Erhitzen Sie Öl in einer beschichteten Pfanne und dünsten Sie den Lauch für drei Minuten.

3. Verquirlen Sie die Eier mit der Sahne, dem Parmesan und den Kräutern, würzen Sie die Mischung mit Salz und Pfeffer und gießen Sie diese über den Lauch. Braten Sie die Frittata von beiden Seiten für jeweils zwei bis drei Minuten, bis diese goldbraun ist.

4. Schneiden Sie die Frittata in kleine Stücke.

5. Dazu schmeckt hervorragend ein würziger Tomatensalat mit Zwiebeln und frischen Kräutern. Verfeinern Sie Ihre Frittata mit Kümmel oder Muskatnuss. Auch kalt lässt sich das Gericht genießen.

BANDNUDELN MIT BÄRLAUCHPESTO UND TOMATEN

Info: Wussten Sie, dass die ätherischen Öle im Bärlauch bei der Entgiftungsarbeit der Leber helfen können?

Zutaten:

- 400 g Bandnudeln
- 250 g Kirschtomaten
- 100 g getrocknete Tomaten
- 1 Bund Rucola
- 100 g Bärlauchblätter
- 90 g Pinienkerne
- 20 g frischer, geriebener Parmesan
- 250 g Mozzarella
- 150 ml Olivenöl
- Salz und Pfeffer

Zubereitung:

1. Rösten Sie die Pinienkerne in einer trockenen Pfanne.

2. Schneiden Sie den Bärlauch und pürieren Sie das Ganze mit 50 Gramm der Pinienkerne und dem Olivenöl, bis das Pesto cremig wird. Mit Salz und Pfeffer würzen und den Parmesan mit vermengen.

3. Kochen Sie die Bandnudeln nach Packungsanweisung.

4. Schneiden Sie die getrockneten Tomaten und den Mozzarella in kleine

Würfel, waschen Sie den Rucola gründlich und schneiden Sie die Kirschtomaten jeweils in der Hälfte durch.

5. Erwärmen Sie sieben Esslöffel des Pestos in einer Pfanne und geben Sie die fertigen Bandnudeln, die Hälfte des Mozzarellas, die Kirschtomaten und die getrockneten Tomaten hinzu.

6. Garnieren Sie das Gericht mit den Rucolablättern und dem restlichen Mozzarella und den Pinienkernen. Bereiten Sie am besten eine größere Portion Pesto vor, die Sie einfrieren, um eine größere Menge auf Vorrat zu haben. Wenn es schnell gehen muss, reicht natürlich auch ein gekauftes Pesto.

NUDELSALAT MIT KICHERERBSEN UND PAPRIKA

Zutaten:

- 300 g Fusilli
- 125 g Kichererbsen aus dem Glas
- 2 rote Paprika
- 1 Zwiebel
- 1 halber Bund gehackter Salbei
- 1 Handvoll frisch gehackte Petersilie
- 1 grüne Chilischote
- 100 ml Gemüsebrühe
- 1 Esslöffel Margarine
- 2 Esslöffel Rotweinessig
- 4 Esslöffel Olivenöl
- Salz und Pfeffer

Zubereitung:

1. Kochen Sie die Nudeln nach Packungsanweisung, tropfen Sie die Kichererbsen ab und garen Sie diese bei kleiner Hitze.

2. Nudeln abtropfen lassen und eine halbe Tasse Kochwasser auffangen.

3. Schneiden Sie die Paprika, die Zwiebel und die Chilischote in kleine Würfel.

4. Erhitzen Sie die Margarine in einer Pfanne und dünsten Sie Zwiebel, Paprika und Chili. Mit Salz und Pfeffer würzen. Gießen Sie die Gemüsebrühe hinzu und lassen Sie das Gemüse für fünf Minuten köcheln. Vermengen Sie

das Gemüse mit den Kichererbsen und dem Salbei.

5. Bereiten Sie nun das Dressing vor. Vermengen Sie Essig, Öl, Salz, Pfeffer, Petersilie und das Nudelwasser.

6. Vermengen Sie die Nudeln, das Gemüse und das Dressing. Der Nudelsalat schmeckt besonders gut, wenn man ihn über Nacht im Kühlschrank ziehen lässt. Besonders gut schmeckt dazu Baguette oder frisch gebackenes Brot. Verwenden Sie Vollkorn-Fusilli, diese halten länger und sind dazu auch gesünder.

GRÜNES CURRY MIT GEMÜSE

Zutaten:

- 4 Baby-Pak Choi
- 400 g Tiefkühlerbsen
- 2 Zucchini
- 4 Frühlingszwiebeln
- 2 Zwiebeln
- 2 Knoblauchzehen
- 1 kleines Stück Ingwer
- 1 kleine, rote Chilischote
- 1 Bund gehackter Koriander
- 1 Kästchen Kresse
- 600 ml Kokosmilch
- 2 Esslöffel Kokosöl
- 2 Esslöffel frischer Limettensaft
- je 1 Teelöffel Kurkuma, Koriander und Kreuzkümmel
- Salz und Chiliflocken

Zubereitung:

1. Schneiden Sie den Pak Choi, die Zucchini, die Frühlingszwiebeln, die Zwiebeln, den Knoblauch, den Ingwer und die Chilischote in kleine Würfel.

2. Erhitzen Sie Öl in einem Topf und dünsten Sie das Gemüse und die aufgetauten Tiefkühlerbsen bei mittlerer Hitze. Kokosmilch dazu gießen und aufkochen lassen.

3. Mischen Sie die Kräuter unter das Gericht und schmecken Sie dieses mit

Salz, Limettensaft und Chiliflocken ab.

4. Mit Kresse garnieren. Wenn Sie keine Kokosmilch mögen, ersetzen Sie diese durch Milch, Sojamilch oder Sojasahne.

LINSEN-TOMATEN-SUPPE

Zutaten:

- 200 g rote Linsen
- 2 Schalotten
- 2 Knoblauchzehen
- 2 Möhren
- 1 kleines Stück Ingwer
- 1 rote Chilischote
- 1 halber Bund gehackte Petersilie
- 400 g Dosentomaten
- 1 Liter Gemüsebrühe
- 2 Esslöffel Créme fraîche oder Sojasahne
- 2 Esslöffel Olivenöl
- 1 halber Teelöffel Kurkuma
- Salz und Pfeffer

Zubereitung:

1. Schneiden Sie das ganze Gemüse in kleine Würfel, erhitzen Sie Olivenöl in einem Topf und dünsten Sie das Gemüse für fünf Minuten an.

2. Geben Sie die Linsen, die Dosentomaten und die Brühe hinzu. Mit Salz, Pfeffer und Kurkuma würzen und für 25 Minuten köcheln lassen. Danach mit einem Stabmixer alles grob pürieren.

3. Geben Sie die Sahne und die Petersilie in die fertige Suppe.

4. Die Suppe lässt sich super einfrieren, falls Ihnen die Zeit zum Kochen oder Vorkochen für eine Woche fehlt.

PITA MIT FRISCHEM OLIVENPESTO UND KNACKIG-FRITTIERTEN ZUCCHINI

Zutaten für vier Pitas:

- 2 Zucchini
- 1 Ei
- 70 g Mehl (vorzugsweise Pankomehl)
- 2 Esslöffel Mehl (Weizenmehl)
- 100 g frisch geriebener Parmesan
- Salz und Pfeffer
- 20 ml Olivenöl
- 100 g Oliven
- 50 g frisches Basilikum
- 100 g Parmesan
- 30 ml Olivenöl (für das Pesto)
- 1 Knoblauchzehe
- 4 Pita-Brote
- 4 Esslöffel getrocknete Tomaten (vorzugsweise in Öl eingelegt)
- 200 g Kichererbsen
- 1 Handvoll Spinat (vorzugsweise Babyspinat)

Zubereitung:

1. Knoblauch schälen und in feine Stückchen hacken. Gemeinsam mit den Oliven, dem Parmesan, dem Basilikum und den 20 ml Olivenöl mixen, bis eine Creme daraus geworden ist.

2. Das Ei in eine Schüssel geben und kurz verquirlen. In einer weiteren Schüssel Weizenmehl, Pankomehl und Parmesan miteinander vermengen und mit Salz und Pfeffer würzen.

3. Anschließend die Zucchini schneiden und in das verquirlte Ei geben. Danach in der Mehlmischung drehen, bis alle Seiten mit dem Mehl ummantelt sind.

4. In einer Pfanne mit etwas Olivenöl die Zucchini anbraten und auf Küchenpapier legen.

5. Kichererbsen anbraten und auch etwas von den getrockneten Tomaten erhitzen. Den Backofen auf 170 Grad einstellen.

6. Die Pita-Scheiben in zwei Hälften teilen und das Olivenpesto darauf geben, dann eine Zucchinischeibe und schließlich die getrockneten Tomaten und Kichererbsen hinzufügen.

7. Die Pita-Brote werden 10 Minuten im Ofen erwärmt. Zum Schluss werden sie herausgenommen und mit dem Spinat gefüllt.

SOJANUDELN MIT ERDNUSSSAUCE, GEMÜSE UND FEINSTEM STEAK

Zeitaufwand: ca. 15 bis 20 Minuten

Zutaten für zwei Personen:
- 200 g Sojanudeln
- 350 g gefrorenes Gemüse (z. B. Suppengemüse oder Kaisergemüse)
- 1 frische Zucchini
- 2 frische Möhren
- 1 Stange Staudensellerie
- 1 rote Zwiebel
- 3 Esslöffel Erdnussmus
- 1 Esslöffel Sojasauce
- 1 Esslöffel frisch gepresster Limettensaft
- 1 Esslöffel Erdnussöl
- jeweils 1 Teelöffel Kurkuma und Paprikapulver
- Salz und Pfeffer
- 250 g zartes Rindfleischsteak

Zubereitung:
1. Kochen Sie die Sojanudeln nach Packungsanweisung und erhitzen Sie das gefrorene Gemüse bei mittlerer Hitze.

2. Schneiden Sie währenddessen das frische Gemüse in kleine Würfel, erhitzen Sie Erdnussöl in einer Pfanne und braten Sie zuerst die Zwiebeln und dann das restliche Gemüse scharf an.

3. Vermengen Sie das ganze Gemüse mit den Sojanudeln und rühren Sie

Erdnussmus, Sojasauce, Limettensaft und die Gewürze mit unter.

> Tipp: Wenn Sie es gerne sehr nussig mögen, geben Sie doch noch ganze Erdnüsse zum Gericht hinzu.
> Falls Sie das Gericht im Kühlschrank aufbewahren wollen, bereiten Sie die Nudeln und das Gemüse getrennt von der Sauce zu. Geben Sie zu den Nudeln nur ein bisschen Öl, damit diese nicht klebrig werden.

KARTOFFELN MIT ERBSENPÜREE UND RÄUCHERTOFU

Zeitaufwand: ca. 30 Minuten

Zutaten für zwei Personen:

- 4 große, halbierte oder geviertelte Kartoffeln
- 1 Päckchen Tiefkühlerbsen
- 1 Packung Räuchertofu
- je 1 Teelöffel Kurkuma und Paprikapulver
- Salz und Pfeffer

Zubereitung:

1. Kochen Sie die Kartoffeln im gesalzenen Wasser und die Erbsen, bis diese weich sind.

2. Schneiden Sie den Räuchertofu in feine Stücke und pürieren Sie ihn zusammen mit den Erbsen und den Gewürzen.

3. Servieren Sie die Kartoffeln zusammen mit dem Püree.

> Tipps &Tricks:
> Sie können den Räuchertofu auch mit Öl und Gewürzen anbraten und diesen separat verspeisen.

FUSILLI MIT SOJA-BOLOGNESE

Zeitaufwand: ca. 15 Minuten

Zutaten für zwei Personen:
- 200 g Fusilli
- 50 g Sojageschnetzeltes
- 1 Päckchen passierte Tomaten
- 2 Esslöffel Tomatenmark
- 1 rote klein gehackte Zwiebel
- 2 Esslöffel Olivenöl
- je 1 Esslöffel frisches Oregano und Basilikum
- 1 Teelöffel Paprikapulver
- Salz und Pfeffer

Zubereitung:

1. Kochen Sie die Nudeln nach Packungsanweisung, geben Sie das Sojageschnetzelte in einen Topf und gießen Sie kochendes Wasser (Menge: siehe Packungsanleitung) hinzu.

2. Geben Sie die Gewürze zum Sojageschnetzelten und lassen Sie dieses für etwa fünf Minuten ziehen.

3. Rühren Sie die passierten Tomaten, das Tomatenmark und die Zwiebeln mit in den Topf, rühren Sie gut um und schmecken Sie das Gericht mit Salz und Pfeffer ab.

Tipp: Das Gericht ist ideal zum Mitnehmen und schmeckt auch abgekühlt noch sehr gut.

GERÖSTETE SÜßKARTOFFELECKEN MIT BOHNENSALAT UND HÄHNCHENKEULE

Zeitaufwand: ca. 35 Minuten

Zutaten für zwei Personen:

- 1 Süßkartoffel
- 250 g tiefgekühlte, grüne Bohnen
- 250 g weiße Bohnen aus dem Glas
- 1 kleine rote Zwiebel
- 2 Esslöffel frische, gehackte Petersilie
- 100 g Feta
- 1 Esslöffel Sesam
- 2 Esslöffel Walnusskerne
- 3 Esslöffel Olivenöl
- 2 Esslöffel Balsamessig
- 1 halber Teelöffel Rohrzucker
- Salz, Pfeffer, Kreuzkümmel

Zubereitung:

1. Vierteln Sie die Süßkartoffel in kleine Spalten oder Stücke, legen Sie sie auf ein Backblech mit Backpapier, heizen Sie den Ofen auf 200 Grad Celsius vor und beträufeln Sie die Süßkartoffel-Stücke mit einem Esslöffel Olivenöl. Anschließend mit Sesam, Salz, Pfeffer und Kreuzkümmel würzen. Lassen Sie die Kartoffeln für etwa 30 Minuten im Ofen.

2. Bereiten Sie währenddessen den Salat vor. Kochen Sie die grünen Bohnen im kochenden Salzwasser für etwa zehn Minuten, spülen Sie die

weißen Bohnen ab, hacken Sie die Walnüsse und die Zwiebel und bereiten Sie ein Dressing aus Balsamessig, Öl, Rohrohrzucker, Salz und Pfeffer vor.

3. Vermengen Sie die Bohnen mit den Walnüssen, den Zwiebeln, der Petersilie und dem Dressing.

4. Geben Sie die gerösteten Süßkartoffeln und den zerbröselten Feta zum Salat.

Tipp: Natürlich können Sie statt Süßkartoffeln auch normale Kartoffeln verwenden. Achten Sie nur darauf, dass sich dann die Backzeit verlängern kann.

LAUCHFRITTATA MIT FRISCHEN KRÄUTERN

Zubereitungsdauer: ca. 15 Minuten

Zutaten für vier Personen

- 1 Stange Lauch
- 8 Eier
- 50 ml Schlagsahne
- 20 g frischer, geriebener Parmesan
- 1 Handvoll frische Kräuter aus Dill, Koriander und Petersilie
- 2 Esslöffel Olivenöl
- Salz und Pfeffer

Zubereitung:

1. Halbieren Sie den Lauch, schneiden Sie ihn in feine Streifen und hacken Sie die Kräuter.

2. Erhitzen Sie Öl in einer beschichteten Pfanne und dünsten Sie den Lauch für drei Minuten.

3. Verquirlen Sie die Eier mit der Sahne, dem Parmesan und den Kräutern, würzen Sie die Mischung mit Salz und Pfeffer und gießen Sie diese über den Lauch. Braten Sie die Frittata von beiden Seiten für jeweils zwei bis drei Minuten, bis diese goldbraun ist.

4. Schneiden Sie die Frittata in kleine Stücke.

Tipp: Dazu schmeckt hervorragend ein würziger Tomatensalat mit Zwiebeln und frischen Kräutern.
Verfeinern Sie Ihre Frittata mit Kümmel oder Muskatnuss. Auch kalt lässt sich das Gericht genießen.

BANDNUDELN MIT BÄRLAUCHPESTO UND TOMATEN

Info: Wussten Sie, dass die ätherischen Öle aus dem Bärlauch bei der Entgiftungsarbeit der Leber helfen können?

Zubereitungsdauer: ca. 30 Minuten

Zutaten für vier Personen:
- 400 g Bandnudeln
- 250 g Kirschtomaten
- 100 g getrocknete Tomaten
- 1 Bund Rucola
- 100 g Bärlauchblätter
- 90 g Pinienkerne
- 20 g frischer, geriebener Parmesan
- 250 g Mozzarella
- 150 ml Olivenöl
- Salz und Pfeffer

Zubereitung:
1. Rösten Sie die Pinienkerne in einer trockenen Pfanne, schneiden Sie den Bärlauch und pürieren Sie das Ganze mit 50 g der Pinienkerne und dem Olivenöl, bis das Pesto cremig wird. Mit Salz und Pfeffer würzen und den Parmesan mit vermengen.

2. Kochen Sie die Bandnudeln nach Packungsanweisung.

3. Schneiden Sie die getrockneten Tomaten und den Mozzarella in kleine Würfel, waschen Sie den Rucola gründlich und schneiden Sie die Kirschtomaten jeweils in der Hälfte durch.

4. Erwärmen Sie sieben Esslöffel des Pestos in einer Pfanne und geben Sie die fertigen Bandnudeln, die Hälfte des Mozzarellas, die Kirschtomaten und die getrockneten Tomaten hinzu.

5. Garnieren Sie das Gericht mit den Rucolablättern, dem restlichem Mozzarella und den Pinienkernen.

> Tipps: Bereiten Sie am besten eine größere Portion Pesto vor, die Sie einfrieren, um genug auf Vorrat zu haben. Zu Not können Sie zu dem Gericht auch gekauftes Pesto aus dem Glas verwenden.

NUDELSALAT MIT KICHERERBSEN UND PAPRIKA

Zubereitungsdauer: ca. 25 Minuten

Zutaten für vier Personen:
- 300 g Fusilli
- 125 g Kichererbsen aus dem Glas
- 2 rote Paprika
- 1 Zwiebel
- 1 halber Bund gehackter Salbei
- 1 Handvoll frisch gehackte Petersilie
- 1 grüne Chilischote
- 100 ml Gemüsebrühe
- 1 Esslöffel Margarine
- 2 Esslöffel Rotweinessig
- 4 Esslöffel Olivenöl
- Salz und Pfeffer

Zubereitung:

1. Kochen Sie die Nudeln nach Packungsanweisung, tropfen Sie die Kichererbsen ab und garen Sie diese bei kleiner Hitze.

2. Nudeln abtropfen lassen und eine halbe Tasse Kochwasser auffangen.

3. Schneiden Sie die Paprika, die Zwiebel und die Chilischote in kleine Würfel.

4. Erhitzen Sie die Margarine in einer Pfanne und dünsten Sie Zwiebel,

Paprika und Chili. Mit Salz und Pfeffer würzen. Gießen Sie die Gemüse-brühe hinzu und lassen Sie das Gemüse für fünf Minuten köcheln. Vermengen Sie das Gemüse mit den Kichererbsen und dem Salbei.

5. Bereiten Sie nun das Dressing vor. Vermengen Sie Essig, Öl, Salz, Pfeffer, Petersilie und das Nudelwasser. Vermengen Sie die Nudeln, das Gemüse und das Dressing.

Tipp: Der Nudelsalat schmeckt besonders gut, wenn man ihn über Nacht im Kühlschrank ziehen lässt. Besonders gut schmeckt dazu Baguette oder frisch gebackenes Brot. Verwenden Sie Vollkorn-Fusilli, diese halten länger satt und sind gesünder.

GRÜNES CURRY MIT GEMÜSE

Zubereitungsdauer: ca. 25 Minuten

Zutaten für vier Personen:

- 4 Baby-Pak Choi
- 400 g Tiefkühlerbsen
- 2 Zucchini
- 4 Frühlingszwiebeln
- 2 Zwiebeln
- 2 Knoblauchzehen
- 1 kleines Stück Ingwer
- 1 kleine, rote Chilischote
- 1 Bund gehackter Koriander
- 1 Kästchen Kresse
- 600 ml Kokosmilch
- 2 Esslöffel Kokosöl
- 2 Esslöffel frischer Limettensaft
- je 1 Teelöffel Kurkuma, Koriander und Kreuzkümmel
- Salz und Chiliflocken

Zubereitung

1. Schneiden Sie den Pak Choi, die Zucchini, die Frühlingszwiebeln, die Zwiebeln, den Knoblauch, den Ingwer und die Chilischote in kleine Würfel.

2. Erhitzen Sie Öl in einem Topf und dünsten Sie das Gemüse und die aufgetauten Tiefkühlerbsen bei mittlerer Hitze. Kokosmilch dazu gießen und aufkochen lassen.

3. Mischen Sie die Kräuter unter das Gericht und schmecken Sie es mit Salz, Limettensaft und Chiliflocken ab.

4. Mit Kresse garnieren.

Tipp: Wenn Sie keine Kokosmilch mögen, ersetzen Sie diese durch Milch, Sojamilch oder Sojasahne.

LINSEN-TOMATEN-SUPPE

Zubereitungsdauer: ca. 15 Minuten

Zutaten für vier Personen:
- 200 g rote Linsen
- 2 Schalotten
- 2 Knoblauchzehen
- 2 Möhren
- 1 kleines Stück Ingwer
- 1 rote Chilischote
- 1 halber Bund gehackte Petersilie
- 400 g Dosentomaten
- 1 Liter Gemüsebrühe
- 2 Esslöffel Créme fraîche oder Sojasahne
- 2 Esslöffel Olivenöl
- 1 halber Teelöffel Kurkuma
- Salz und Pfeffer

Zubereitung:

1. Schneiden Sie das ganze Gemüse in kleine Würfel, erhitzen Sie Olivenöl in einem Topf und dünsten Sie das Gemüse für fünf Minuten an.

2. Geben Sie die Linsen, die Dosentomaten und die Brühe hinzu. Mit Salz, Pfeffer und Kurkuma würzen und für 25 Minuten köcheln lassen. Danach mit einem Stabmixer alles grob pürieren.

3. Geben Sie die Sahne und die Petersilie in die fertige Suppe.

Tipp: Die Suppe lässt sich super einfrieren, falls Ihnen einmal die Zeit zum Kochen fehlt.

LINSENNUDELN MIT KURKUMA

Zubereitungsdauer: ca. 20 Minuten

Zutaten für vier Personen:
- 250 g rote Linsennudeln
- 300 g rote und gelbe Kirschtomaten
- 2 Möhren
- 2 Schalotten
- 1 Knoblauchzehe
- 1 Kästchen Kresse
- 100 ml passierte Tomate
- 2 Esslöffel Tomatenmark
- 2 Esslöffel Buchweizenkörner
- 1 Teelöffel Olivenöl
- 1 Teelöffel Kurkuma
- Salz, Pfeffer, Chilipulver

Zubereitung:

1. Schneiden Sie die Möhren in kleine Raspeln, die Tomaten halbieren Sie und die Schalotten und den Knoblauch hacken Sie fein.

2. Rösten Sie den Buchweizen in einer trockenen Pfanne und stellen Sie diese beiseite.

3. Erhitzen Sie Öl in einer Pfanne, braten Sie die Schalotten und den Knoblauch und rühren Sie den Kurkuma und den Tomatenmark dazu. Geben Sie nun die Tomaten und die Möhren dazu und würzen Sie das Gemüse mit

Salz, Chilipulver und Pfeffer. Das Gemüse für zehn Minuten bei mittlerer Hitze kochen lassen.

4. Die Nudeln nach Packungsanleitung kochen, den Buchweizen unter die Sauce mischen und das Gericht mit Kresse garnieren.

Tipp: Die Linsennudeln kann man auch als Salat servieren – ein leckeres Gericht für die nächste Grillparty.

QUICHE MIT MÖHREN

Zubereitungsdauer: ca. 30 Minuten

Zutaten für eine Springform/12 Stück:
- 210 g Dinkel-Vollkornmehl
- 250 g Magerquark
- 4 Eier
- 200 g Frischkäse
- 100 ml Milch
- 3 Schalotten
- 7 Möhren
- 1 Knoblauchzehe
- 2 Stiele fein gehackter Koriander
- 4 Esslöffel Rapsöl
- 1 Teelöffel Olivenöl
- je 1 Messerspitze Kreuzkümmel und Muskatnuss
- Salz und Pfeffer

Zubereitung:

1. Geben Sie für den Teig 200 g Mehl, 250 g Quark, ein Ei, Rapsöl und 2 Prisen Salz in eine Schüssel. Mit einem Handmixer zu einem Teig verrühren, zu einer Kugel formen, in Frischhaltefolie wickeln und für 20 Minuten in den Kühlschrank legen.

2. Schneiden Sie währenddessen das Gemüse in kleine Würfel. Olivenöl in einer Pfanne erhitzen und das Gemüse für sieben Minuten dünsten.

3. Verrühren Sie die restlichen Eier mit dem Frischkäse und der Milch. Mit Salz, Pfeffer, Kümmel und Muskatnuss würzen.

4. Rollen Sie den Teig auf einer bemehlten Arbeitsfläche zu einem Kreis aus. Dieser sollte einen Durchmesser von 26 Zentimetern haben. Geben Sie den Teig in eine Springform, ziehen Sie den Rand hoch und verteilen Sie das Gemüse auf dem Boden. Die Ei-Mischung darüber gießen, den Ofen auf 200 Grad Celsius vorheizen und die Quiche für 40 Minuten im Ofen lassen.

5. Die fertige Quiche mit Koriander garnieren.

Tipp: Wer Fett reduzieren möchte, kann statt Frischkäse Magerquark verwenden. Die Quiche kann man auch problemlos mit jedem anderen Gemüse zubereiten.

KARTOFFEL-GULASCH MIT PAPRIKA

Zubereitungsdauer: ca. eine Stunde

Zutaten für vier Personen:

- 800 g festkochende Kartoffeln
- je 1 rote und eine gelbe Paprika
- 200 g Knollensellerie
- 2 rote Zwiebeln
- 1 Knoblauchzehe
- 1 halber Bund gehackte Petersilie
- 400 g Dosentomaten
- 1 Esslöffel Tomatenmark
- 300 ml Gemüsebrühe
- 4 Esslöffel Naturjoghurt
- 1 Esslöffel Rapsöl
- 2 Esslöffel süßes Paprikapulver
- 2 Teelöffel getrockneter Majoran
- Salz und Pfeffer

Zubereitung:

1. Die Paprika, die Sellerie, die Zwiebeln, den Knoblauch und die Kartoffeln in kleine Würfel schneiden.

2. Erhitzen Sie Rapsöl in einem Topf und dünsten Sie die Zwiebeln an. Geben Sie Knoblauch, Sellerie, Kartoffeln und Tomatenmark hinzu und braten Sie diese für fünf Minuten mit. Gießen Sie Gemüsebrühe und Dosentomaten darüber, fügen Sie die Gewürze hinzu und lassen Sie das Gulasch für 30

Minuten köcheln.

3. Die Paprika muss fünf Minuten mitgekocht werden. Mit Salz und Pfeffer würzen, Naturjoghurt unterrühren und mit Petersilie garnieren.

Tipp: Wer öfter zu Kartoffeln greift, hat weniger Heißhungerattacken.

COUSCOUS-GEMÜSE-PFANNE

Zubereitungsdauer: ca. 30 Minuten

Zutaten für vier Personen:
- 200 g Couscous
- 500 g Brokkoli
- je 1 rote und eine gelbe Paprika
- 2 Möhren
- 2 Knoblauchzehen
- 4 Frühlingszwiebeln
- 150 g Tiefkühlerbsen
- 400 ml Gemüsebrühe
- 2 Esslöffel Garam Masala
- 2 Teelöffel Chilipaste
- Salz und Pfeffer

Zubereitung:

1. Den Brokkoli in Röschen teilen, die Möhren und die Paprika in Würfel schneiden, den Knoblauch fein hacken, Öl in einer Pfanne erhitzen und Gemüse anbraten.

2. Erbsen, Garam Masala und Chilipaste dazu geben, mit Salz und Pfeffer würzen und mit Gemüsebrühe abschrecken. Das Ganze eine Minute köcheln lassen.

3. Den Couscous dazu geben, Topf vom Herd nehmen und fünf Minuten quellen lassen, Frühlingszwiebeln in Ringe schneiden und damit das

Gericht garnieren.

> Tipp: Achten Sie beim Kauf von Brokkoli darauf, dass Sie braune oder gelbliche Stiele meiden. Dies ist nämlich ein Zeichen von später Ernte und bitterem Geschmack.
>
> Der Brokkoli sollte zudem auch immer schnell aufgebraucht werden, da er sonst wichtige Inhaltsstoffe verliert.

KARTOFFELPUFFER MIT SCHAFSKÄSE

Zubereitungsdauer: ca. 60 Minuten

Zutaten:

- 3 mehligkochende Kartoffeln
- 2 festkochende Kartoffeln
- 3 bunt gemischte Paprikaschoten
- 2 Zwiebeln
- 2 Knoblauchzehen
- 400 g Dosentomaten
- 150 ml Gemüsebrühe
- 100 g Schafskäse
- 1 Ei
- 100 ml Weißwein oder Birnensaft
- 3 Esslöffel Olivenöl
- 2 Stiele gehackter Oregano
- Salz, Pfeffer, Muskatnuss

Zubereitung:

1. Paprika vierteln, eine Zwiebel und Knoblauch fein hacken, Öl in einem Topf erhitzen, Gemüse andünsten, mit Salz und Pfeffer würzen und mit Weißwein abschrecken.

2. Gemüsebrühe und Dosentomaten hinzufügen und 15 Minuten bei mittlerer Hitze schmoren lassen.

3. Die andere Zwiebel fein reiben und die Kartoffeln raspeln. Alles in eine

Schüssel geben, mit Salz, Muskatnuss und Pfeffer würzen, ein Ei und Mehl darunter mischen und fünf Minuten quellen lassen.

4. Erhitzen Sie das restliche Öl in einer Pfanne und formen Sie aus dem Teig vier Puffer. Von beiden Seiten drei Minuten anbraten. Streuen Sie den Feta obendrauf, garnieren Sie die Puffer mit Oregano und servieren Sie das Gericht mit dem Gemüse.

Tipp: Statt Wein können Sie auch mehr Gemüsebrühe verwenden.

SÜßKARTOFFELSUPPE MIT QUINOA

Zubereitungsdauer: ca. 40 Minuten

Zutaten für vier Personen:
- 4 große Süßkartoffeln
- 100 g rote Quinoa
- 1 Zwiebel
- 3 Knoblauchzehen
- 2 rote Chilischote
- 600 ml Gemüsebrühe
- 200 ml Kokosmilch
- 1 Esslöffel Zitronensaft
- 3 Esslöffel Olivenöl
- 2 Stiele fein gehackter Koriander
- je 2 Messerspitzen gemahlener Koriander und Kreuzkümmel
- 1 Messerspitze Kurkuma
- Salz und Pfeffer

Zubereitung:

1. Spülen Sie den Quinoa unter kühlem Wasser ab und lassen Sie ihn in 300 ml kochendem Wasser zugedeckt bei mittlerer Hitze für zwölf Minuten garen. Vom Herd nehmen, fünf Minuten quellen lassen und mit Salz und Pfeffer würzen.

2. Süßkartoffeln, Zwiebel, Knoblauch und Chili in kleine Würfel schneiden.

3. Olivenöl in einem Topf erhitzen, Süßkartoffeln und Gemüse dünsten,

Gewürze und Gemüsebrühe hinzufügen. Lassen Sie alles für 15 Minuten köcheln.

4. Gemüse pürieren und mit Kokosmilch verfeinern. Suppe nochmals zum Kochen bringen und mit Zitronensaft abschmecken.

5. Verteilen Sie die Suppe und den Quinoa in vier Schälchen und garnieren Sie das Gericht mit Koriander.

Tipp: Quinoa erhalten Sie in jedem Bioladen.

HIRSEBRATLINGE MIT TOMATENSALAT

Zubereitungsdauer: ca. 40 Minuten

Zutaten:

- 250 g Hirse
- 1 Esslöffel Dinkel-Vollkornmehl
- 1 Ei
- 2 Schalotten
- 6 reife Tomaten
- 1 rote Zwiebel
- 3 Stiele fein gehacktes Basilikum
- 2 Stiele fein gehackte Petersilie
- 20 g gemahlene Haselnusskerne
- 3 Esslöffel Olivenöl
- 2 Esslöffel weißer Balsamicoessig
- Salz und Pfeffer

Zubereitung:

1. Bereiten Sie die Hirse nach Packungsanleitung vor.

2. Schalotten, Zwiebel und Tomaten fein würfeln.

3. Verrühren Sie 2 Esslöffel Olivenöl mit Salz und Pfeffer und vermengen Sie damit die Tomaten, das Basilikum, die Petersilie und die Zwiebel.

4. Vermischen Sie die Hirse mit dem Ei, den Schalotten, der Petersilie, dem Mehl und den Haselnüssen. Mit Salz und Pfeffer würzen.

5. Das restliche Öl in einer Pfanne erhitzen. Geben Sie die Hirsemasse mit einem Esslöffel in die Pfanne und drücken Sie diese flach. Braten Sie die Bratlinge bei mittlerer Hitze für etwa fünf Minuten.

6. Tomatensalat und Hirse zusammen servieren.

Tipp: Die Hirsebratlinge schmecken auch kalt sehr gut und sind ideal fürs Picknick oder zum Brunch.

SPAGHETTI MIT GEMÜSESAUCE

Zubereitungsdauer: ca. 45 Minuten

Zutaten für vier Personen:
- 400 g Vollkorn-Spaghetti
- 200 g Champignons
- 2 Zucchini
- 5 Tomaten
- 2 Schalotten
- 2 Knoblauchzehen
- 2 Stiele gehackter Oregano
- 30 g frischer, geriebener Parmesan
- 1 Esslöffel Olivenöl
- Salz und Pfeffer

Zubereitung:

1. Spaghetti nach Packungsanweisung in kochendem Salzwasser zubereiten.

2. Schneiden Sie währenddessen das Gemüse in kleine Würfel und schneiden Sie die Champignons in Scheiben.

3. Erhitzen Sie das Olivenöl in einer Pfanne und dünsten Sie den Knoblauch und die Schalotten an. Geben Sie die Champignons und die Zucchini dazu und zum Schluss die Tomaten. Mit Salz und Pfeffer würzen und das Oregano unter die Sauce mischen.

4. Mit Parmesan garnieren.

Tipp: Statt Champignons können Sie auch Auberginen für die Sauce verwenden.

KARTOFFEL-TARTE MIT KRÄUTERN

Zubereitungsdauer: ca. 35 Minuten

Zutaten für zwei Personen:
- 400 g festkochende Kartoffeln
- 125 g Buttermilchquark
- 1 Eiweiß
- 1 Bund gemischte Kräuter (Oregano, Basilikum, Thymian, Rosmarin)
- 2 Esslöffel Ajvar
- 1 Esslöffel Olivenöl
- Salz und Cayennepfeffer

Zubereitung:
1. Kochen Sie die Kartoffeln für etwa 25 Minuten im Salzwasser.

2. Trennen Sie währenddessen das Ei. Das Eiweiß in eine große Schüssel geben und die Kräuter fein hacken und zum Eiweiß hinzufügen. Mit Salz und Pfeffer würzen und mit einer Gabel fest verrühren.

3. Gießen Sie die Kartoffeln ab, pellen Sie diese und schneiden Sie die Kartoffeln in Scheiben.

4. Eine Tartform (18 cm Durchmesser) mit Backpapier auslegen und den Ofen auf 180 Grad Celsius vorheizen.

5. Mischen Sie die Kartoffeln mit dem Kräuter-Eiweiß und geben Sie es in die Form. Mit etwas Olivenöl beträufeln und für etwa 30 Minuten im

Backofen backen.

6. Währenddessen geben Sie den Buttermilchquark in eine kleine Schüssel und verrühren ihn mit Ajvar. Mit Salz und Pfeffer abschmecken und zur Kartoffel-Tarte servieren

Tipp: Statt Buttermilchquark schmeckt zu dem Gericht auch ein selbst gemachtes Zaziki.

Snacks & Desserts

AVOCADOEIS MIT MINZE UND SCHOKOSTÜCKCHEN

Zutaten:

- 400 ml Kokosmilch aus der Dose
- 3 reife Avocados
- 1 halbes Bund Minze
- 2 Esslöffel Zitronensaft
- 50 g Agavendicksaft
- 100 g Schokoladendrops aus Zartbitterschokolade

Zubereitung:

1. Den festen Teil aus der Kokosmilch herauslöffeln (vorher nicht schütteln). Geben Sie dies in eine Schüssel und schlagen Sie es mit einem Mixer schaumig. Die Masse in eine Auflaufform geben.

2. Mixen Sie die Avocados mit der Minze, dem Zitronensaft und dem Agavendicksaft zu einer cremigen Masse.

3. Die Avocado-Masse und die Kokoscreme miteinander vermengen und mit den Schokodrops bestreuen.

4. Frischhaltefolie darüber geben und für mindestens zwei Stunden ins Gefrierfach stellen.

LEICHTE MOUSSE AU CHOCOLAT

Zutaten für zwei Personen:

- 2 Avocados
- 1 Banane
- 4 Esslöffel Kakaopulver
- 2 Esslöffel Granatapfelkerne

Zubereitung:

1. Banane, Avocado und Kakaopulver in einem Standmixer cremig pürieren.

2. In zwei Gläser füllen und mit Granatapfelkernen garnieren.

3. Bis zum Servieren kaltstellen.

MARINIERTE BIRNE MIT JOGHURT

Zutaten für zwei Personen:
- 2 weiche, saftige Birnen
- 300 g Naturjoghurt
- 1 halbe Orange
- 2 Teelöffel flüssiger Lavendelhonig
- 1 halbe rote Chilischote
- 1 Stiel Estragon

Zubereitung:

1. Chilischote fein hacken, Orange auspressen und den Saft mit Chili und Honig in einer Schüssel verrühren.

2. Birnen in Viertel schneiden, auf zwei Tellern verteilen, mit dem Chili-Orangensaft beträufeln und für zehn Minuten ziehen lassen.

3. Währenddessen Estragon fein hacken und diesen in einer weiteren Schüssel mit Joghurt verrühren. Vor dem Servieren Joghurt über die Birnen geben.

ERDBEER-ESPRESSO-SCHICHTDESSERT

Zutaten für zwei Personen:

- 125 g Erdbeeren
- 1 halbe Zitrone
- 1 halbe Bio-Orange
- 125 g Magerquark
- 50 g Cantuccini
- 1 Esslöffel Apfeldicksaft
- 1,5 Esslöffel abgekühlter Espresso
- 1 Teelöffel Vanillezucker

Zubereitung:

1. Erdbeeren vierteln und in eine Schüssel geben. Zitrone auspressen und zusammen mit dem Apfeldicksaft mit in die Schüssel geben. Für 20 Minuten ziehen lassen.

2. Währenddessen die Schale der Orange abreiben und den Saft auspressen.

3. Quark in eine weitere Schüssel geben und mit Orangenschalen, Orangensaft und Vanillezucker verrühren.

4. Cantuccini in mittlere Stücke zerbrechen, auf zwei Gläser verteilen und mit Espresso beträufeln.

5. Mit Erdbeeren und Orangenquark gleichmäßig beschichten.

ÜBERBACKENE APRIKOSEN

Zutaten für zwei Personen:
- 300 g Aprikosen
- 100 g Stachelbeeren
- 50 g Dinkel-Vollkornmehl
- 25 g Butter
- 25 g Rohrzucker
- 1 halber Teelöffel Zimt
- 1 halbe Vanilleschote
- 1 halber Esslöffel Honig

Zubereitung:

1. Butter zerstückeln, mit Zucker, Mehl und Zimt in einer Schüssel verrühren, zu Streuseln verarbeiten und in den Kühlschrank stellen.

2. Aprikosen in Spalten schneiden, Stachelbeeren entstielen, Vanillemark herauskratzen, Obst mit dem Mark und dem Honig vermengen, auf eine Auflaufform geben, Streusel darüber streuen und den Backofen auf 180 Grad Celsius vorheizen.

3. Für ca. 25 bis 30 Minuten im Ofen lassen. Schmeckt am besten lauwarm. Am nächsten Tag einfach noch einmal in den Ofen stellen und warm machen.

MELONENBOWL

Zutaten für zwei Personen:
- 1 kleine Wassermelone
- 1 Honigmelone
- 1 Bio-Limette
- 0,5 l Wasser mit Kohlensäure
- Eiswürfel

Zubereitung:
1. Die Hälfte der Wassermelone in kleine Würfel schneiden, aus dem Rest mit einem Kugelausstecher Kugeln formen. Aus der Honigmelone ebenfalls Kugeln formen, die Schale der Limette mit einem Sparschäler in dünne Spiralen schneiden und den Saft auspressen.

2. Wassermelonen-Würfel mit Wasser pürieren, in eine große Schale geben und die Melonenkugeln und Limettenschalen hinzufügen.

EINFACHEA APFELMUS

Zutaten:

- 1 kg Äpfel
- 1 Zitrone
- Zimt

Zubereitung:

1. Äpfel schälen und in Würfel schneiden, Zitrone auspressen und zusammen mit sechs Esslöffeln Wasser in einen Topf geben.

2. Äpfel und Zitronensaft bei mittlerer Hitze zugedeckt etwa 20 Minuten köcheln lassen.

3. Mit einem Stabmixer die Äpfel im Topf pürieren und nochmals aufkochen lassen. Nach Belieben mit Zimt würzen.

4. In zwei bis drei Gläser abfüllen und abkühlen lassen.

KALTSCHALE MIT HOLUNDER

Zutaten für zwei Personen:
- 250 g Holunderbeeren
- 1 halbes Eiweiß
- 2 Esslöffel Rohrohrzucker
- 2 Esslöffel Puderzucker
- 3 Esslöffel Kokosraspeln
- 2 Esslöffel Apfeldicksaft
- 50 ml Apfelsaft

Zubereitung:
1. Eiweiß, eine Prise Zucker und Salz steif schlagen, Puderzucker und 2 Esslöffel Kokosraspeln unterrühren und in einem Spritzbeutel mit Sterntülle abfüllen.

2. Auf einem Backblech mit Backpapier etwa 12 Streifen Baisermasse spritzen (etwa sieben cm lang), die restlichen Kokosstreusel darüber geben, den Backofen auf 80 Grad vorheizen und die Baiserstangen etwa 2,5 Stunden zum Trocknen hinein stellen.

3. Währenddessen die Holunderbeeren von den Stielen entfernen und mit Apfelsaft und Apfeldicksaft in einen Topf geben, aufkochen und für zehn Minuten garen. Nehmen Sie 4 Esslöffel Holunderbeeren heraus und stellen Sie diese beiseite.

4. Die restlichen Beeren mit Rohrzucker pürieren und mit den festen Holunderbeeren in eine Schale geben. Zusammen mit Baiserstangen servieren.

CREMIGER FRUCHTQUARK

Zutaten:

- 250 g Magerquark
- 1 Orange
- 100 g Trockenobst
- 1 Esslöffel gehackte Mandelkerne
- 1 Esslöffel Pinienkerne
- 2 Esslöffel Mineralwasser mit Kohlensäure

Zubereitung:

1. Orange auspressen, Trockenobst klein würfeln und mit Orangensaft vermengen, für 15 Minuten ziehen lassen.

2. Mandeln und Pinienkerne in einer beschichten Pfanne ohne Fett rösten.

3. Quark mit Wasser cremig rühren und Obstwürfel mit Orangensaft dazugeben.

4. Fruchtquark auf zwei Gläser verteilen und mit Pinienkernen und Mandeln garnieren.

ERDBEER-CHEESECAKE

Zutaten für eine Springform:
- 220 g Dinkel-Vollkornmehl
- 130 g Rohrohrzucker
- 5 Eier
- 120 g Butter
- 1 kg Magerquark
- 600 g Erdbeeren
- Saft einer halben Zitrone
- 4 Esslöffel Dinkel-Vollkorngrieß
- 1 Vanilleschote
- Salz

Zubereitung:

1. Mehl, Zucker, zerstückelte Butter, ein Ei und eine Prise Salz in einer Schüssel zu einem Teig glatt rühren, zu einer Kugel formen und 30 Minuten kaltstellen.

2. Währenddessen die restlichen Eier trennen, Eiweiß steif schlagen und das Eigelb mit Quark, 3 Esslöffeln Grieß, Vanillemark, dem restlichen Rohrzucker und mit dem Zitronensaft verrühren. Das Eiweiß mit vermengen.

3. Teig ausrollen und die Springform einfetten.

4. Erdbeeren vierteln, ein Drittel davon beiseitestellen und den Ofen auf 180 Grad Celsius vorheizen.

5. Quarkmasse in die Form geben, Erdbeeren im Grieß wenden und mit zum Quark geben.

6. Kuchen für etwa 50 Minuten backen.

7. Die restlichen Erdbeeren pürieren und zum Kuchen servieren.

BROWNIES MIT SCHWARZEN BOHNEN

Zutaten für 12 Stück:

- 400 g schwarze Bohnen aus dem Glas
- 70 g Haferflocken
- 70 g Kokosöl
- 4 Teelöffel Kakaopulver
- 2 g Espresso
- 130 g Agavendicksaft
- 200 g Zartbitterschokolade
- 1 Prise Backpulver
- 1 Teelöffel Vanillezucker
- 1 Teelöffel Salz

Zubereitung:

1. Bohnen abtropfen lassen, Haferflocken im Mixer mahlen, Kokosöl erwärmen und Schokolade klein hacken.

2. Die Hälfte der Schokolade, Bohnen, Espresso, Kokosöl, Agavendicksaft, Vanillezucker, Backpulver und Salz zu einem cremigen Teig mixen.

3. Den Teig auf ein Backblech mit Backpapier legen, ausrollen und mit der restlichen Schokolade bestreuen.

4. Ofen auf 175 Grad Celsius vorheizen und die Brownies für etwa 15 bis 20 Minuten backen.

5. Aus dem Ofen nehmen und in Stücke schneiden.

QUARKBÄLLCHEN MIT ERDBEERSAUCE

Zutaten für zwei Personen:

- 250 g Magerquark
- 2 Eier
- 5 Esslöffel Weizen-Vollkornmehl
- 3 Esslöffel Vollkorngrieß
- 2 Esslöffel Vollkorn-Semmelbrösel
- 1 Teelöffel Butter
- 200 g reife Erdbeeren
- 1 halbe Bio-Zitrone
- 1 Esslöffel Honig
- 1 Teelöffel Rapsöl
- Zimt und Salz

Zubereitung:

1. Eier und Quark in einer Schüssel verrühren, Mehl, Salz und Grieß dazugeben und die Masse quellen lassen.

2. Währenddessen die Zitrone fein reiben, Erdbeeren vierteln und beides mit Honig und Zimt pürieren.

3. Wasser mit einem Teelöffel Salz in einem großen Topf zum Kochen bringen. Mit einem Löffel Quarkkugeln formen und ins Wasser geben. Bei geringer Hitze für acht Minuten im Wasser lassen.

4. Semmelbrösel in einer Pfanne mit Butter und Öl rösten, Knödel mit Schaumkelle herausholen und in den Semmelbröseln schwenken.

5. Knödel mit der Erdbeersauce servieren.

Ernährungspyramide

Es gibt neue Studien, die zeigen, dass die 20 Jahre alte Ernährungspyramide der DGE völlig veraltet ist, weshalb die Forschungsgruppe Dr. Feil eine neue veröffentlicht hat. Fast monatlich gibt es zum Thema Ernährung neue Erkenntnisse, weshalb es nicht verwundert, dass die Erkenntnisse von vor einigen Jahren schon längst überholt sind.

Die Forschungsgruppe von Dr. Feil hat mehr als 1000 Studien durchgeführt. Heraus kam: Die Ernährungspyramide ist nicht mehr zeitgemäß. Die Menschen werden immer dicker. Somit brauchen sie weniger Kohlenhydrate in Form von Getreide, sondern mehr Kohlenhydrate in Form von Gemüse, weshalb in diesem Buch viele vegetarische Gerichte, wie Suppen, Salate, Eierspeisen und Kartoffeln mit Gemüse, vorgestellt werden.

Auch Proteine sind wichtig. Doch man müsse auf die Qualität achten. Auf Fett solle man auf keinen Fall verzichten, da dem Körper sonst wichtige Bestandteile fehlen. Deshalb sind frischgepresste Speiseöle, Olivenöl, Nüsse, Butter und dunkle Schokolade sehr empfehlenswert. Auch auf Süßes muss nicht verzichtet werden, doch auch hier sollte man auf die Qualität achten und statt Milchschokolade dunkle Schokolade kaufen.

Die sogenannte „Feil`sche Pyramide" geht viel mehr ins Detail als die von der DGE. Dort werden auch saisonale, regionale und ökologische Aspekte berücksichtigt.

Meal-Prep: Vier-Wochen-Plan

Nun haben Sie einige Rezepte kennengelernt, die Sie schnell und problemlos für Ihr Frühstück, Ihre Mittagspause und für Ihr Abendessen vorbereiten können. Doch wie genau planen Sie eine Meal-Prep-Woche richtig?

Das Wichtigste ist die Vorbereitung. In diesem Kapitel erfahren Sie alles, was man über das Vorkochen und die Mahlzeiten wissen sollte.

Wichtige Tipps, die Sie beachten sollten:
- Bereiten Sie oftmals Mahlzeiten zu, die Sie auch kalt essen können. Kochen Sie am Abend einfach die doppelte Portion und nehmen Sie die andere Hälfte am nächsten Tag mit zur Arbeit. Das hat den Vorteil, dass Sie kein aufgewärmtes Essen aus der Mikrowelle mehr verspeisen müssen.
- Essen Sie möglichst viel Rohkost. Geschnittenes Gemüse hilft gut dabei, Heißhungerattacken vorzubeugen, und versorgt den Körper mit vielen wichtigen Vitaminen.
- Gewürze können Wunder bewirken. Mit unterschiedlichen Aromen können Sie die Grundzutaten in ein mexikanisches, italienisches,

indisches oder asiatisches Gericht verwandeln.

- Bewahren Sie Dressing und Saucen immer getrennt vom restlichen Gericht auf.
- Verwenden Sie Tupperdosen, die viele kleine verschiedene Boxen hat, um möglichst viele Lebensmittel separat voneinander aufzubewahren.

Welche Lebensmittel sollten Sie immer im Vorratsschrank haben?

- Essig: Balsamessig, Weißweinessig
- Öle: Olivenöl, Kokosöl, geschmacksneutrales Öl
- Gewürze: Cayennepfeffer, Pfeffer, Chili, Chiliflocken, gemahlener Koriander, getrockneter Thymian, Kräuter der Provence, Kreuzkümmel, Kurkuma, süßes Paprikapulver, Salz und Senfkörner
- Nudeln, Reis, Kartoffeln
- Senf
- Gemüsebrühe

DER VIER-WOCHEN-PLAN

Der Vier-Wochen-Plan ist in vier verschiedene Themen bzw. Nahrungsmittel unterteilt. Das bedeutet, dass der Schwerpunkt immer auf einer Zutat liegt, mit der Sie unterschiedliche Gerichte vorbereiten können. Das hat den Vorteil, dass Sie für eine Woche nicht zu viel einkaufen müssen, aber dennoch viele kreative, verschiedene und leckere Gerichte zaubern können.

Das Frühstück können Sie sich jeden Tag nach Wahl vorbereiten und Sie können sich an der Auswahl aus dem ersten Kapitel orientieren. In der Tabelle wird ein Frühstück genannt, welches Sie aber austauschen können, während Sie für das Mittagessen und Abendessen konkrete Pläne bekommen. Das Abendessen wird immer auch das Mittagessen für den nächsten Tag sein. Auch für die Snacks erhalten Sie einen passenden Vorschlag aus dem Kapitel „Snacks & Desserts". Das Frühstück und die Desserts werden für zwei Tage hintereinander angegeben, damit Sie die doppelte Portion vorbereiten können und direkt schon etwas für den Folgetag haben.

1. WOCHE – SCHWERPUNKT KICHERERBSEN

Montag
- Frühstück: Zimt-Cranberry-Apfel-Porridge
- Mittagessen: Kichererbsensalat mit Feta und Paprika
- Snacks & Desserts: Avocadoeis mit Minze und Schokostückchen
- Abendessen: Orientalische Gemüsesuppe

Dienstag
- Frühstück: Zimt-Cranberry-Apfel-Porridge
- Mittagessen: Orientalische Gemüsesuppe
- Snacks & Desserts: Avocadoeis mit Minze und Schokostückchen
- Abendessen: Orientalische Kichererbsencurry mit Kokos

Mittwoch
- Frühstück: Skyr mit Blaubeeren und Müsli
- Mittagessen: Kichererbsencurry mit Kokos
- Snacks & Desserts: Leichte Mousse au Chocolat
- Abendessen: Falafel mit Zucchini und Joghurt-Sesam-Dip

Donnerstag
- Frühstück: Skyr mit Blaubeeren und Müsli
- Mittagessen: Falafel mit Zucchini und Joghurt-Sesam-Dip
- Snacks & Desserts: Leichte Mousse au Chocolat

- Abendessen: Pasta mit Hummus

Freitag
- Frühstück: Bananen-Pancakes mit Erdbeerquark
- Mittagessen: Pasta mit Hummus
- Snacks & Desserts: Marinierte Birne mit Joghurt
- Abendessen: Bowl mit Reis, Kichererbsen und Cashewsauce

2. WOCHE – SCHWERPUNKT: LINSEN

Montag
- Frühstück: Beeren-Chia-Bowl
- Mittagessen: Bulgur mit Linsen
- Snacks & Desserts: Erdbeer-Espresso Schichtdessert
- Abendessen: Lauchsuppe mit Käse und Linsen

Dienstag
- Frühstück: Beeren-Chia-Bowl
- Mittagessen: Lauchsuppe mit Käse und Linsen
- Snacks & Desserts: Erdbeer-Espresso Schichtdessert
- Abendessen: Linsen-Kürbissalat mit Joghurt-Dressing

Mittwoch
- Frühstück: Herzhafte Tomaten-Zucchini-Muffins
- Mittagessen: Linsen-Kürbissalat mit Joghurt-Dressing
- Snacks & Desserts: Überbackene Aprikose
- Abendessen: Wirsing-Gemüse mit Apfel

Donnerstag
- Frühstück: Herzhafte Tomaten-Zucchini-Muffins
- Mittagessen: Wirsing-Gemüse mit Apfel

- Snacks & Desserts: Überbackene Aprikose
- Abendessen: Indisches Linsen-Dal mit Minzjohurt

Freitag
- Frühstück: Mango Insel-Smoothie
- Mittagessen: Indisches Linsen-Dal mit Minzjoghurt
- Snacks & Desserts: Melonenbowl
- Abendessen: Kartoffelauflauf mit Kohlrabi und Linsen

3. WOCHE – SCHWERPUNKT: KARTOFFELN

Montag
- Frühstück: Luftig lockere Frühstückswaffeln mit Mandarinenquark
- Mittagessen: Kartoffeln nach griechischer Art
- Snacks & Desserts: Einfaches Apfelmus
- Abendessen: Rote-Beete-Suppe mit Kartoffeln

Dienstag
- Frühstück: Luftig lockere Frühstückswaffeln mit Mandarinenquark
- Mittagessen: Rote-Beete-Suppe mit Kartoffeln
- Snacks & Desserts: Einfaches Apfelmus
- Abendessen: Erbsen-Kartoffel-Salat mit Spargel und Radieschen

Mittwoch
- Frühstück: Lachs auf grüner Waffel
- Mittagessen: Erbsen-Kartoffel-Salat mit Spargel und Radieschen
- Snacks & Desserts: Kaltschale mit Holunder
- Abendessen: Röstis mit Pfifferlingen

Donnerstag
- Frühstück: Lachs auf grüner Waffel

- Mittagessen: Röstis mit Pfifferlingen
- Snacks & Desserts: Kaltschale mit Holunder
- Abendessen: Baby-Kartoffeln mit Petersiliensauce

Freitag
- Frühstück: Avocado-Erdbeer-Wunder-Smoothie
- Mittagessen: Baby-Kartoffeln mit Petersiliensauce
- Snacks & Desserts: Cremiger Fruchtquark
- Abendessen: Butternuss-Kürbissuppe mit Kartoffeln

4. WOCHE – SCHWERPUNKT: EIER

Montag
- Frühstück: Himbeertraum-Smoothie
- Mittagessen: Shashuka mit Zucchini und Tomate
- Snacks & Desserts: Erdbeer-Cheesecake
- Abendessen: Bratlinge mit Dill und Löwenzahn-Dip

Dienstag
- Frühstück: Himbeertraum-Smoothie
- Mittagessen: Bratlinge mit Dill und Löwenzahn-Dip
- Snacks & Desserts: Erdbeer-Cheesecake
- Abendessen: Weizenkörner und Eier mit Curry-Senfsauce

Mittwoch
- Frühstück: Würziges Falafel-Sandwich
- Mittagessen: Weizenkörner und Eier mit Curry-Senfsauce
- Snacks & Desserts: Brownies mit schwarzen Bohnen
- Abendessen: Brokkoli-Salat mit Ei

Donnerstag

- Frühstück: Würziges Falafel-Sandwich
- Mittagessen: Brokkoli-Salat mit Ei
- Snacks & Desserts: Brownies mit schwarzen Bohnen
- Abendessen: Süßkartoffelschnitzel mit Rosenkohl

Freitag

- Frühstück: Toast mit herzhaften Süßkartoffelaufstrich
- Mittagessen: Süßkartoffelschnitzel mit Rosenkohl
- Snacks & Desserts: Quarkbällchen mit Erdbeersauce
- Abendessen: Pressknödel mit Krautsalat

REZEPTE ZUR 1. WOCHE

Schwerpunkt Kichererbsen. Kichererbsen sind sehr eiweißhaltig und sehr sättigend wegen des hohen Ballaststoffgehalts. Sie enthalten mehr Eiweiß (20 Gramm pro 100 Gramm) als viele Fleischsorten. Sie enthalten zudem viel Eisen (6 Milligramm pro 100 Gramm) und viel Calcium (124 Milligramm pro 100 Gramm). Durch den hohen Eiweiß- und Ballaststoffgehalt wird Ihre Verdauung gefördert und es wirkt somit Heißhungerattacken entgegen. Durch einen regelmäßigen Konsum von Kichererbsen kann man beispielsweise auch Diabetes vorbeugen.

KICHERERBSENSALAT MIT FETA UND PAPRIKA

Zutaten:

- 400 g Kichererbsen aus dem Glas
- 3 Frühlingszwiebeln
- 4 Tomaten
- 1 halbe, gelbe Paprika
- 1 Bund gehackte Petersilie
- 80 g Feta
- 2 Esslöffel Olivenöl
- Saft einer halben Zitrone
- Salz, Pfeffer, Chili, süßes Paprikapulver

Zubereitung:

1. Geben Sie die Kichererbsen in eine größere Schale, schneiden Sie Zwiebeln, Tomaten, Paprika und Feta in kleine Scheiben und geben Sie alles mit der gehackten Petersilie in eine Schüssel.

2. Vermischen Sie das Olivenöl mit dem Zitronensaft, würzen Sie es mit Salz, Pfeffer, Chili und Paprikapulver und lassen Sie den Salat gut durchziehen.

ORIENTALISCHE GEMÜSESUPPE

Zutaten für zwei Personen:

- 150 g Kichererbsen aus der Dose
- 2 Möhren
- 1 große Fenchelknolle
- 1 Zwiebel
- 2 Knoblauchzehen
- 1 kleines Stück Ingwer
- 2 Orangen
- 1 halber Bund Koriander
- 100 g Frischkäse
- 500 ml Gemüsebrühe
- 1 Esslöffel Olivenöl
- 1 Chilischote
- 2 Sternanis
- je 1 halber Teelöffel gemahlener Kreuzkümmel und Pimet
- Salz und Pfeffer

Zubereitung:

1. Schneiden Sie die Möhren in kleine Stücke, den Fenchel in Würfel und hacken Sie Zwiebel, Ingwer und Knoblauch klein.

2. Erhitzen Sie Öl in einem Topf und dünsten Sie das Gemüse mit Chili, Kreuzkümmel, Pimet und Sternanis an. Gemüsebrühe hinzu gießen und mit Salz und Pfeffer würzen.

3. Pressen Sie die Orangen aus und geben Sie den Saft mit in die Suppe. Die

Suppe sollte bei kleiner Hitze für zehn Minuten köcheln. Danach die abgetropften Kichererbsen dazu geben und für weitere zehn Minuten köcheln lassen.

4. Geben Sie Frischkäse in die Suppe und garnieren Sie diese mit fein gehacktem Koriander.

KICHERERBSEN-CURRY MIT KOKOS

Zutaten:

- 1 Aubergine
- 1 Zucchini
- 1 Möhre
- 1 Schalotte
- 1 Knoblauchzehe
- 1 kleines Stück Ingwer
- 265 g Kichererbsen aus dem Glas
- 250 ml Kokosmilch
- 1 Esslöffel Kokosöl
- 1 Teelöffel Limettensaft
- 1 halber Teelöffel Currypulver
- Salz und Pfeffer

Zubereitung:

1. Das Gemüse in kleine Würfel schneiden und die Kichererbsen abtropfen lassen.

2. Kokosöl in einen Topf geben und das Gemüse für fünf Minuten anbraten. Danach die Kichererbsen hinzugeben und weitere zehn Minuten dünsten.

3. Kokosmilch und Limettensaft hinzufügen und mit Salz, Pfeffer und Curry würzen

FALAFEL MIT ZUCCHINI UND JOGHURT-SESAM-DIP

Zutaten für zwei Personen:

- 130 g Falafel (Fertigprodukt aus dem Tiefkühlregal)
- 3 kleine Zucchini
- 1 halber Bund Minze
- 200 g Joghurt
- 1 Esslöffel Sesam
- Saft einer halben Zitrone
- 1 Teelöffel Honig
- 1 Esslöffel Olivenöl
- 1 Esslöffel Tahini
- 1 Messerspitze gemahlener Kardamom
- Salz und Pfeffer

Zubereitung:

1. Geben Sie die Falafel in eine Auflaufform. Nach Packungsanweisung backen, währenddessen die Zucchini in feine Scheiben schneiden und die Minze fein hacken. Beides in eine Salatschüssel geben.

2. Den Zitronensaft mit Honig, Olivenöl, Salz und Pfeffer vermischen und über die Zucchini geben.

3. Den Joghurt mit Tahini und Kardamom verrühren und mit Salz und Sesam bestreuen.

4. Servieren Sie die Falafel mit dem Zucchini-Salat und dem Joghurt-Dip

PASTA MIT HUMMUS

Zutaten:

- 200 g Vollkorn-Pasta
- 150 g getrocknete Tomaten
- 2 kleine Knoblauchzehen
- 1 Bund Basilikum
- 4 Esslöffel Hummus (aus der Packung oder selbstgemacht)
- Salz und Pfeffer

Zubereitung:

1. Tomaten im Sieb gut abtropfen lassen, Öl in einer Schüssel auffangen und die Tomaten und den Knoblauch in kleine Würfel hacken. Basilikum grob hacken und Nudeln nach Packungsanweisung kochen.

2. Das Öl von den Tomaten in einer Pfanne erhitzen und Tomaten und Knoblauch andünsten.

3, Nudeln abgießen und mit Hummus vermengen. Mit Salz und Pfeffer würzen.

BOWL MIT REIS, KICHERERBSEN UND CASHEWSAUCE

Zutaten:

- 100 g Langkornreis
- 265 g Kichererbsen aus dem Glas
- 60 g Cashewkerne
- 2 Möhren
- 1 kleiner Bund Radieschen
- 1 halber Bund Petersilie
- 100 g Rucola und/oder Feldsalat
- 1 Apfel
- 1 Esslöffel Limettensaft
- Salz und Pfeffer

Zubereitung:

1. Weichen Sie die Cashewkerne in 100 ml Wasser ein und kochen Sie den Reis nach Packungsanleitung.

2. Währenddessen Möhren raspeln, Radieschen in Scheiben schneiden, den Apfel in kleine Würfel schneiden, Petersilie grob hacken und Cashewkerne mit Einweichwasser, Limettensaft, Petersilie, Salz und Pfeffer pürieren.

3. Reis, Kichererbsen, Salat, Möhren, Radieschen, Salat und Äpfel in einer Schale anrichten und mit der Sauce übergießen.

REZEPTE ZUR 2. WOCHE

Schwerpunkt Linsen: Linsen zählen zu den Hülsenfrüchten mit den meisten Proteinen. Wenn diese gekocht werden, liefern sie 12 Gramm pro 100 Gramm. Außerdem haben Linsen den Vorteil, dass sie lange haltbar, sehr sättigend und preiswert sind. Wegen ihrer hohen Eiweißquelle werden die Linsen immer beliebter. Sie sind vielseitig einsetzbar und es gibt sowohl exotische, deftige als auch süße Varianten. Vor allem kleinere Linsensorten schmecken besonders gut, da diese einen höheren Schalenanteil haben und sich dort die Aromen verstecken.

BULGUR MIT LINSEN

Zutaten für zwei Personen:

- 100 g Bulgur
- 50 g rote Linsen
- 225 ml Gemüsebrühe
- 20 g Pistazienkerne
- 2 Esslöffel Olivenöl
- 1 Teelöffel Kreuzkümmel
- 2 Teelöffel Koriandersamen
- 2 Kardamomkapseln

Zubereitung:

1. Öl in einem Topf erhitzen und Koriandersamen, Kardamom und Kreuzkümmel für eine Minute andünsten. Linsen mit unterrühren, mit Gemüsebrühe übergießen und eine Minute köcheln lassen.

2. Bulgur dazugeben, aufkochen und 25 Minuten quellen lassen.

3, Pistazienkerne fein hacken und ohne Öl in einer Pfanne rösten.

4. Linsen-Bulgur in zwei Schüsseln verteilen und mit Pistazien garnieren.

5. Wenn Sie möchten, können Sie sich dazu auch noch Gemüse oder Salat zubereiten.

LAUCHSUPPE MIT KÄSE UND LINSEN

Zutaten für zwei Personen:

- 120 g Berglinsen
- 2 große Kartoffeln
- 2 Stangen Lauch
- 800 ml Gemüsebrühe
- 150 g Bergkäse
- 200 g Sahne
- 2 Esslöffel Haselnusskerne
- 3 Esslöffel Rapsöl
- 2 Esslöffel Balsamessig
- je 1 halber Teelöffel Majoran und Kümmel
- Salz und Pfeffer

Zubereitung:

1. Linsen mit 2,5-facher Menge an Wasser für 30 Minuten kochen.

2. Währenddessen Lauch in feine Ringe schneiden, Kartoffeln schälen und in kleine Würfel schneiden.

3. Zwei Esslöffel Öl in einem Topf erhitzen, Lauch und Kartoffeln für fünf Minuten anbraten, Gemüsebrühe hinzufügen und für 15 Minuten köcheln lassen.

4. Den Käse reiben und diesen mit der Sahne in die Suppe geben. Alles pürieren und mit Majoran, Kümmel, Salz und Pfeffer würzen.

5. Öl in einer Pfanne erhitzen und das grüne vom Lauch mit den Haselnüssen für fünf Minuten braten.

6. Die Linsen mit dem Lauchgrün und den Nüssen mischen, Essig, Salz und Pfeffer hinzugeben und die Linsen mit in die Suppe geben.

KARTOFFELAUFLAUF MIT KOHLRABI UND LINSEN

Zutaten für zwei Personen:

- 60 g rote Linsen
- 300 g Kohlrabi
- 300 g Kartoffeln
- 200 g Saure Sahne
- 100 g Schafskäse
- 2 Eier
- 1 Esslöffel Kräuter der Provence
- Salz

Zubereitung:

1. Linsen in der doppelten Menge Wasser für 10 Minuten kochen.

2. Währenddessen Kohlrabi und Kartoffeln schälen und in feine Scheiben schneiden. Beides im Salzwasser kochen und in eine Auflaufform geben.

3. Eier mit saurer Sahne verquirlen und mit Salz, Pfeffer und mit Kräutern der Provence würzen.

4. Die fertigen Linsen über die Kartoffeln verteilen und die Sahne darüber gießen, Backofen auf 200 Grad vorheizen, Käse darüber streuen und für ca. 20 Minuten backen.

WIRSING-GEMÜSE MIT APFEL

Zutaten für zwei Personen:

- 400 g Wirsing
- 1 saurer Apfel
- 1 Schalotte
- 50 g getrocknete, entkernte Datteln
- 100 g rote Linsen
- 150 ml Gemüsebrühe
- 50 g Rucola
- 50 g Haselnusskerne
- 2 Esslöffel Olivenöl
- Salz und Pfeffer

Zubereitung:

1. Schalotte fein hacken, Wirsing in feine Streifen schneiden, Apfel vierteln, Datteln in Streifen schneiden, Öl in einer Pfanne erhitzen, die Schalotte kurz andünsten und Wirsing, Apfel, Datteln und Linsen hinzugeben. Alles für fünf Minuten dünsten.

2. Gemüsebrühe darüber gießen und mit Salz und Pfeffer würzen.

3. Haselnüsse grob hacken und in einer Pfanne ohne Fett rösten.

4. Rucola fein hacken und mit den Haselnüssen über das Gemüse streuen.

INDISCHES LINSEN-DAL MIT MINZJOGHURT

Zutaten für zwei Personen:

- 100 g rote Linsen
- 1 gelbe Paprika
- 1 kleines Stück Ingwer
- 75 g griechischer Joghurt
- 2 Stiele Minze
- 1,5 Esslöffel Kokosöl
- je 1 Teelöffel Senfsamen, Kurkuma, Koriander und Kreuzkümmel
- 1 Messerspitze Kardamom
- Salz

Zubereitung:

1. Paprika in Würfel schneiden, Ingwer hacken und Linsen gut abwaschen.

2. Öl in einem Topf erhitzen, Paprika und Ingwer andünsten, Linsen hinzugeben, mit Gewürzen vermengen und alles drei Minuten rösten. Doppelte Menge an Wasser hinzufügen und für 25 Minuten garen.

3. Die Hälfte der Minze fein hacken und mit dem Joghurt verrühren.

4. Dal in zwei Schalen verteilen, mit etwas Joghurt beträufeln und mit Minze garnieren.

5. Den restlichen Joghurt dazu servieren.

LINSEN-KÜRBISSALAT MIT JOGHURT-DRESSING

Zutaten für zwei Personen:

- 75 g Beluga-Linsen
- 300 g Hokkaido-Kürbis
- 1 halber Radicchio
- 50 g Baby-Spinat
- 100 g Naturjoghurt
- 1 halber Bund Koriander
- 1 halber Bund Petersilie
- 1 Viertel Granatapfel
- 1 Esslöffel Olivenöl
- 1 Teelöffel Limettensaft
- 1 halber Teelöffel Kreuzkümmel
- Cayennepfeffer
- Salz und Pfeffer

Zubereitung:

1. Die Linsen in doppelter Menge an Wasser kochen, mit Kreuzkümmel würzen und 20 Minuten garen lassen.

2. Währenddessen den Kürbis in Spalten schneiden, Öl in einer Pfanne erhitzen und von beiden Seiten etwa zehn Minuten anbraten. Mit Kreuzkümmel, Salz und Pfeffer würzen.

3. Kräuter und Spinat grob hacken, Kerne aus dem Granatapfel herausholen und den Joghurt mit Limettensaft, Salz und Cayennepfeffer würzen.

4. Kürbis, Linsen, Spinat, Radicchio und Kräuter auf zwei Tellern anrichten, mit Joghurt-Dressing übergießen und mit Granatapfelkernen garnieren.

REZEPTE ZUR 3. WOCHE

Schwerpunkt Kartoffeln. Kartoffeln enthalten viele wichtige Nährstoffe, machen satt, aber nicht dick. Sie enthalten zu 78 Prozent Wasser, 16 Prozent Kohlenhydrate und zu 2,1 Prozent Ballaststoffe, weshalb die Verdauung angeregt und eine lang anhaltende Sättigung erzeugt wird. Außerdem enthalten Kartoffeln 2 Prozent Eiweiß, welches vom Körper gut verwertet werden kann. Kartoffeln haben den höchsten pflanzlichen Anteil an verwertbaren Proteinen.

KARTOFFELN NACH GRIECHISCHER ART

Zutaten für zwei Personen:

- 500 g festkochende Kartoffeln
- 2 Stangen Staudensellerie
- 1 Zwiebel
- 1 Knoblauchzehe
- 1 halbe Bio-Zitrone
- 50 g Schafskäse
- 40 g schwarze, entsteinte Oliven
- 100 ml Gemüsebrühe
- 1 kleiner Zweig Rosmarin
- 1 halber Bund Petersilie
- 2 Stiele Minze
- 2 Esslöffel Olivenöl
- Salz und Pfeffer

Zubereitung:

1. Zwiebel und Knoblauch fein würfeln, Sellerie in Stücke schneiden, Kartoffeln in Spalten schneiden, die Zitrone reiben und auspressen und Nadeln vom Rosmarin abzupfen.

2. Das Öl in einer Pfanne erhitzen, Kartoffeln, Rosmarin und Gemüse darin anbraten, mit Gemüsebrühe und Zitronensaft übergießen und bei mittlerer Hitze für 12 Minuten garen.

3. Petersilie und Minze fein hacken, Oliven in Scheiben und Schafskäse in Würfel schneiden.

4. Oliven und Kräuter unter die Kartoffeln mengen.

5. Fertiges Gericht mit Schafskäse garnieren.

ROTE-BEETE-SUPPE MIT KARTOFFELN

Zutaten für zwei Personen:

- 175 g Rote Bete
- 50 g mehligkochende Kartoffeln (1 mehligkochende Kartoffel)
- 375 ml klassische Gemüsebrühe
- 50 ml Sojacreme
- Salz
- Pfeffer
- 1 ½ EL Joghurt (0,3 % Fett)
- ½ EL kohlensäurehaltiges Mineralwasser
- ½ Stück Meerrettich (ca. 5 cm)
- ½ Zwiebel
- 1 halber Esslöffel Rapsöl

Zubereitung:

1. Einmalhandschuhe anziehen und die Rote Beete waschen. Dann mit dem Schälmesser schälen. Kartoffeln waschen und in kleine Stücke schneiden. Die Stücke sollten etwa 2 cm dick sein. Auch die Zwiebeln in grobe Stücke schneiden.

2. Kartoffeln, Zwiebeln, Rote Beete sowie Öl in einem Topf erhitzen und 5 Minuten andünsten. Die Brühe dazugeben und das Ganze 40 Minuten lang köcheln lassen.

3. Damit die Suppe fein und cremig ist, muss sie püriert und anschließend in ein feines Sieb gegeben werden. Mit einer Kelle oder einem Kochlöffel das Püree durch das Sieb drücken.

4. In die Suppe die Sojacreme geben und das Ganze aufkochen lassen. Gut mit Salz und Pfeffer würzen. Zum Joghurt Mineralwasser geben und das Ganze gut verrühren. Auch das wieder mit Salz und Pfeffer würzen.

5. Den Meerrettich waschen, schälen und in feine Stückchen reiben.

6. Die Suppe in ihren Glasbehälter füllen, Joghurt und Meerrettich dann vor dem Verzehr noch dazugeben.

7. Am besten in ein mikrowellenfestes Glas geben, um die Suppe auf der Arbeit aufwärmen zu können.

FRISCHER KARTOFFEL-ERBSENSALAT MIT KNACKIGEM SPARGEL UND RADIESCHEN

Zutaten für zwei Personen:

- 250 g Kartoffeln
- Salz
- Pfeffer
- 2 Teelöffel Olivenöl
- 100 g grüner Spargel
- 10 g Dill
- 1 Esslöffel Apfelsaft
- ½ Esslöffel Weißweinessig
- ½ Teelöffel Ahornsirup
- ½ Teelöffel Senf
- 40 g Radieschen
- 75 g Erbsen (tiefgekühlt)
- 2 g Minze

Zubereitung:

1. Den Ofen auf 200 Grad Ober- und Unterhitze vorheizen. Die Kartoffeln waschen und jeweils in Hälften schneiden. Salz und Pfeffer dazugeben und etwa 1 Teelöffel Olivenöl darüber geben. Das Ganze miteinander vermengen. Dies anschließend auf ein mit Backpapier vorbereitetes Backblech geben. Die Kartoffeln dann für etwa 30 Minuten in den Ofen geben und garen lassen, bis sie goldbraun sind.

2. Den Spargel waschen, mit Küchenpapier trocken tupfen und die Enden abschneiden. Spargel in Stücke von etwa 1 cm schneiden. Erbsen und

Spargel in kochendes, mit Salz angereichertes Wasser geben. Für etwa 4 bis 5 Minuten köcheln lassen und dann mit kaltem Wasser abschrecken.

3. Die Kräuter reinigen und klein hacken. Apfelsaft, Essig, Sirup, Senf und das restliche Öl mit den Kräutern in einer Schüssel vermischen. Salz und Pfeffer dazugeben.

4. Radieschen waschen und in dünne Scheiben schneiden. Spargel, Kartoffeln und Erbsen mit den Radieschen zu dem Dressing geben und gut verrühren. In vier Portionen aufteilen und im Kühlschrank aufbewahren. Im Laufe der Woche verzehren.

PFIFFIGE RÖSTIS MIT PFIFFERLINGEN

Zutaten für zwei Personen:

- 8 festkochende Kartoffeln
- Salz
- 1 Schalotte
- 1 halbe Möhre
- 250 g Pfifferlinge
- 1 Handvoll glatte Petersilie
- 1 Handvoll Schnittlauch
- 1 Esslöffel Öl
- Pfeffer
- etwas Paprikapulver (edelsüß)

Zubereitung

1. Kartoffeln waschen und mit der Schale in Salzwasser etwa 25 Minuten gar kochen. Noch heiß pellen und abkühlen lassen.

2. Die Schalotten schälen, der Länge nach halbieren und in dünne Scheiben schneiden.

3. Möhre schälen, waschen, ebenfalls der Länge nach halbieren und in dünne Scheiben schneiden.

4. Pfifferlinge vorsichtig und gründlich mit einem nassen Pinsel putzen. Größere Pilze der Länge nach halbieren.

5. Petersilie und Schnittlauch waschen und trockenschütteln. Blättchen der

Petersilie abzupfen und fein hacken, den Schnittlauch fein schneiden.

6. Die Kartoffeln in dicke Scheiben schneiden. Eine Pfanne mit Öl hauchdünn bestreichen. Möhren und Kartoffeln knusprig braten. Salz und Pfeffer hinzugeben.

7. In einer anderen Pfanne zum selben Zeitpunkt das restliche Öl erhitzen. Pfifferlinge und Schalotte darin 5-6 Minuten braten.

8. Pfifferlinge, Petersilie und Schnittlauch unter die Kartoffeln mischen. Alles zusammen noch kurz braten. Pfifferlinge mit Paprikapulver, Salz und Pfeffer würzen. Einige Tage im Kühlschrank haltbar.

BABY-KARTOFFELN MIT WÜRZIG FEINER PETERSILIENSAUCE

Zutaten:

- 1200 g Frühkartoffeln
- Salz
- 2 Bund krause Petersilie
- 1 Esslöffel Butter
- 3 Esslöffel Dinkelvollkornmehl
- 500 ml Milch (1,5 % Fett)
- 100 ml Schlagsahne
- 1 Esslöffel gekörnte Brühe
- Pfeffer
- Muskat

Zubereitung:

1. Die Kartoffeln waschen und in Salzwasser ca. 25 Minuten gar kochen. Die Petersilie waschen, auf Küchenpapier trocken schütteln und die Blätter fein hacken.

2. Die Butter in einem Topf erhitzen, das Mehl einrühren und anschwitzen. Die Milch und die Sahne langsam hinzugießen und mit einem Schneebesen unterrühren. Mit Salz, Pfeffer, Brühe und frisch abgeriebenem Muskat abschmecken. 10 Minuten bei kleiner Hitze köcheln lassen, dabei gelegentlich umrühren.

3. Zum Servieren die Kartoffeln abgießen und etwas ausdampfen lassen. Die Petersilie unter die Sauce rühren und beides auf Tellern anrichten. Mit

Petersilie garniert servieren.

4. Dieses Gericht kann im Laufe der Woche verzehrt werden. Es eignet sich auch gut für Mittwoch und Donnerstag.

SÄMIGE BUTTERNUSS-KÜRBISSUPPE MIT KARTOFFELN

Zutaten für zwei Personen:

- 100 g mehligkochende Kartoffeln
- 320 g Butternuss-Kürbis
- 1 halbe Zwiebel
- 1 halbe Knoblauchzehe
- 1 EL Butter
- 2 Zweige Thymian
- 1 Teelöffel Currypulver
- 375 ml Gemüsebrühe
- 75 g Joghurt (3,5 % Fett)
- Salz
- Cayennepfeffer
- Muskatnuss
- Pfeffer

Zubereitung:

1. Kartoffel schälen, waschen und würfeln. Kürbis putzen, schälen, entkernen und Kürbisfleisch ebenfalls würfeln. Zwiebel und Knoblauch schälen und fein hacken. Thymian waschen und trocken schütteln.

2. Butter im Topf erhitzen, Zwiebeln und Knoblauch dünsten. Kürbis, Thymian und Curry hinzugeben und 3 Minuten dünsten. Die Kartoffeln ebenfalls in den Topf geben. Das Ganze etwa 25 bis 30 Minuten köcheln lassen. Die Brühe vorbereiten.

3. Thymian herausnehmen und die Suppe cremig fein pürieren. Die Brühe je nach gewünschter Cremigkeit dazugeben. Etwas vor sich hin köcheln lassen. Vom Herd nehmen und ca. 4 Esslöffel Joghurt hinzugeben. Mit Salz, Pfeffer und Muskat würzen.

4. Die Suppe in Glasbehälter füllen und abkühlen lassen. Diese kann im Laufe der Woche verspeist werden.

REZEPTE ZUR 4. WOCHE

Schwerpunkt Eier. Das Hühnerei liefert einige wichtige Nährstoffe, darunter unter anderem die Vitamine A (für das Sehvermögen), K (für die Blutgerinnung), D (für eine gesunde Knochendichte) und B12 (für eine angeregte Blutbildung und Durchblutung). Außerdem beinhaltet es viel Eisen und Proteine. Das Beste ist, dass der Körper das Protein des Eies zu 100 Prozent in körpereigenes Eiweiß umwandeln kann. Denn die Eiweißbausteine im Hühnerei sind in einem ähnlichen Mengenverhältnis vorhanden, wie im Körpereiweiß des Menschen.

SHASHUKA MIT ZUCCHINI UND TOMATE

Zutaten für zwei Personen:

- 2 kleine Zucchini
- 1 Bund Frühlingszwiebeln
- 2 Knoblauchzehen
- 3 Esslöffel Olivenöl
- 1 Teelöffel Kreuzkümmel
- 400 g Tomatenstückchen (aus der Dose)
- 1 Prise Chiliflocken
- etwas Salz
- etwas Pfeffer
- 4 Eier
- 100 g Schafskäse
- 2 Stiele Petersilie

Zubereitung:

1. Frühlingszwiebeln und Zucchini waschen und in Scheiben/Ringe schneiden. Knoblauch schälen und hacken.

2. Zucchini in einer heißen Pfanne mit etwas Öl erhitzen. Nach und nach Frühlingszwiebeln, Knoblauch und Kreuzkümmel dazugeben und etwa 5 bis 6 Minuten anbraten. Tomatenstücke dazugeben. Mit Pfeffer, Salz und Cayennepfeffer würzen und 6 bis 7 Minuten köcheln lassen.

3. Kleine Löcher in die Tomatenmenge formen. Die Eier darin gleiten lassen. 15 bis 20 Minuten in der heißen Tomatenmasse stocken lassen. Den Deckel draufgeben. Kurz vor dem Wegnehmen den Käse darüber

zerbröseln und schmelzen lassen. Petersilie waschen und fein hacken. Diese dann über die Shakshuka geben. Die Shakshuka kann im Kühlschrank gekühlt werden und über mehrere Tage vor allem morgens verzehrt werden.

KNUSPRIGE BRATLINGE MIT DILLDUFT UND LÖWENZAHN-DIP

Zutaten für zwei Personen:

- 75 g zarte Haferflocken
- 10 g Dill
- 1 halbe Schalotte
- 1 halbe Knoblauchzehe
- 1 Esslöffel Olivenöl
- 150 g kleine Salatgurke (1 kleine Salatgurke)
- 25 g Gouda
- 1 halbes Ei
- 10 g geschrotete Leinsamen
- 45 g Vollkorn-Semmelbrösel
- Salz
- Pfeffer
- 1 kleines Stück Zitrone
- 5 g Löwenzahn
- 125 g Joghurt

Zubereitung:

1. In eine Schüssel die Haferflocken geben und die doppelte Menge an bereits kochendem Wasser dazugeben. Dies miteinander vermischen und 10 Minuten aufquellen lassen.

2. Den Dill waschen, auf einem Küchenpapier trocken schütteln und fein hacken. Knoblauch und Schalotten schälen und ebenfalls fein hacken. 1 Teelöffel Öl in eine Pfanne geben und erhitzen.

3. Knoblauch und Schalotten 3 Minuten andünsten. Gurke waschen und grob raspeln. Den Käse reiben.

4. Ei, Leinsamen, Haferflocken, Kräuter, Gurke, Käse, Schalotte, Knoblauch und Semmelbrösel mischen. Dann mit Salz und Pfeffer würzen. Je nach gewünschter Konsistenz noch Semmelbrösel zufügen.

5. 12 kleine Bratlinge formen und backen. 1 Teelöffel Öl je Bratling in die Pfanne geben und jeweils vier Stück in die Pfanne legen. 3 bis 4 Minuten braten. Im vorgeheizten Ofen bei 100 Grad nachgaren.

6. Die halbe Zitrone auspressen sowie den Löwenzahn waschen, trocknen und hacken.

7. 1 Esslöffel Zitronensaft, Joghurt, Salz und Pfeffer verrühren und als Dip nutzen. In eine Dose getrennt Bratlinge und den Dip geben.

WEIZENKÖRNER UND EIER MIT CURRY-SENFSAUCE

Zutaten für zwei Personen:

- 30 g kleine Zwiebeln (1 kleine Zwiebel)
- 200 ml klassische Gemüsebrühe
- 2 Esslöffel Rapsöl
- 1 Teelöffel Currypulver
- 1 Esslöffel Dinkelmehl
- 200 ml Milch
- 125 g vorgegarte Weizenkörner
- Salz
- 4 Eier
- 1 halbes Bund Kerbel
- 2 EL körniger Senf
- Pfeffer
- 1 Teelöffel Weißweinessig
- 1 Prise Zucker

Zubereitung:

1. Zwiebeln waschen, schälen und fein würfeln. Die Gemüsebrühe erhitzen.

2. In einem Topf Rapsöl erhitzen und die Zwiebeln glasig dünsten. Etwas Curry und Dinkelmehl dazugeben und unter ständigem Rühren andünsten lassen.

3. Die Milch in die Gemüsebrühe geben und die Sauce verrühren. 10 Minuten kochen lassen. Zwischendurch immer wieder umrühren.

4. Den Weizen in Salzwasser kochen. Bei einem Weizen aus der Packung die Packungsbeilage beachten. Die Eier in kochendes Wasser geben und 6 Minuten kochen. Den Kerbel waschen, trockenschütteln und in feine Stücke hacken.

5. Senf in die Sauce geben und verrühren. Diese mit Salz, Pfeffer, Essig und ein wenig Zucker würzen.

6. Eier mit kaltem Wasser abschrecken, pellen und in Hälften schneiden. Eier und Kerbel in die Sauce geben.

7. Den heißen Weizen abtropfen lassen und auf Teller oder Glascontainer geben. Die Eier getrennt aufbewahren. Bald verzehren.

KNACKIGER BROKKOLI-SALAT MIT EI

Zutaten für zwei Personen:

- 3 Eier
- 1 Teelöffel Senf
- 1 Teelöffel Sesamöl
- 500 g Brokkoli
- 3 kleine getrocknete Tomaten
- 1 Prise Salz
- 1 Esslöffel Pinienkerne
- 150 g Joghurt
- Pfeffer
- 1 Knoblauchzehe
- 75 g braune Champignons (am besten 5 Stück)

Zubereitung:

1. Die Eier anpicken und in kochendem Salzwasser für 8 bis 10 Minuten kochen. Die Eier abgießen und schließlich mit kaltem Wasser abschrecken. Die Eier abkühlen lassen und pellen.

2. Den Brokkoli waschen und in kleine Stücke teilen. Die großen Stiele schälen und in kleine Stücke schneiden. Die Tomaten in feine Streifen schneiden.

3. Brokkoli in Salzwasser für 5 bis 7 Minuten kochen. Die Tomatenstreifen dazugeben und dünsten lassen. Das Ganze etwa 3 Minuten lang dünsten und anschließend das Wasser abgießen.

4. In einer Pfanne die Pinienkerne leicht anrösten und auf einem Teller abkühlen lassen.

5. Pfeffer, Salz, Öl und Joghurt miteinander zu einem Dressing verrühren. Den Knoblauch schälen, mit einem Messer oder einer Knoblauchpresse zerdrücken und in den Joghurt geben.

6. Champignons reinigen und in Scheiben schneiden.

7. Das Joghurt-Dressing mit Pilzen, Tomaten und Brokkoli vermischen und 10 Minuten ziehen lassen.

8. Die Eier in Spalten schneiden und zum Schluss in den Salat geben. Nicht zu viel umrühren, um die Eier nicht zu zerbröseln. Mit Pinienkernen garnieren.

KNUSPRIGES SÜßKARTOFFELSCHNITZEL MIT ROSENKOHL UND HÄHNCHENSPIEßEN

Zutaten für zwei Personen:

- 1 Süßkartoffel
- 1 Prise Salz
- 75 g Bergkäse (etwa 45 % Fett)
- 75 g Dinkel- Flakes
- Paprikapulver
- Pfeffer
- 1 halbes Ei
- 1 Esslöffel Milch (1,5 % Fett)
- 2 Esslöffel Dinkel-Vollkornmehl
- 400 g Rosenkohl
- 2 Esslöffel Butter
- 1 halber Esslöffel Vollrohrzucker
- 150 ml Gemüsebrühe
- 2 Esslöffel Haselnüsse
- 200 g Hähnchenbrustfilet
- 2 Esslöffel Sonnenblumenöl

Zubereitung:

1. Die Süßkartoffeln schälen, waschen und in etwa 2 cm dicke Scheiben schneiden. Diese werden schließlich in kochendem Salzwasser für 3-4 Minuten gegart. Das Wasser anschließend abgießen und die Süßkartoffeln für einige Zeit abkühlen lassen. In die Scheiben werden Taschen geschnitten. Käse hobeln und diesen in die Taschen füllen.

2. In einer Schüssel die Dinkel-Flakes leicht zerbröseln und die Gewürze

(Paprika, Salz und Pfeffer) dazu geben. Das Ei mit der Milch in einer Schale verquirlen. Das Mehl auch separat in eine Schale geben.

3. Den Rosenkohl waschen, jeweils in Hälften schneiden und in einer bereits heißen Pfanne mit zwei Esslöffeln Öl für etwa vier Minuten anbraten. Mit etwas Zucker bestreuen, karamellisieren und diese mit Brühe kurz danach ablöschen. 10 bis 15 Minuten köcheln, bis die Brühe eingekocht ist.

4. Die Süßkartoffeln in etwas Mehl wälzen, dann in Ei geben und schließlich in Dinkel-Flakes panieren.

5. Das vegetarische Schnitzel mit der restlichen Butter von beiden Seiten jeweils 3-4 Minuten goldbraun ausbacken. Die Haselnüsse hacken und in einer Pfanne rösten.

6. Hähnchen säubern, in feine Stücke schneiden und in eine Schüssel geben. Sonnenblumenöl, Salz, Pfeffer und Paprika miteinander vermengen und zu dem Hähnchen geben. Das Ganze gut miteinander vermengen. Die Hähnchenstücke auf Holzspieße ziehen und diese anschließend in der Pfanne von allen Seiten für etwa 15-20 Minuten anbraten, bis das Hähnchen durch ist.

7. Das vegetarische Schnitzel über den Rosenkohl geben und zusammen mit den Hähnchenspießen in einer Bentobox getrennt voneinander aufbewahren. Die Haselnüsse vor dem Verzehr noch darüber geben.

FRISCHE KNÖDEL MIT BUNTEM KRAUTSALAT

Zutaten für zwei Personen:

- 300 g Weißkohl (1 halber Weißkohl)
- Salz
- 1 Esslöffel Apfelessig
- 1 Esslöffel Olivenöl
- ½ Esslöffel Apfeldicksaft
- 50 ml Milch (3,5 % Fett)
- 10 g Dinkel-Vollkornmehl
- 10 g Buchweizenmehl
- 70 g Käse (würzige Sorte)
- 10 g Petersilie (etwa 1 Bund)
- 1 Ei
- Pfeffer
- ¼ Bund Radieschen
- ½ TL Kümmel
- 1 Esslöffel Butter

Zubereitung:

1. Den Weißkohl gründlich putzen, waschen und den Strunk entfernen. Dieser wird dann in feine Streifen gehobelt. Eine Messerspitze Salz und etwas Essig und Öl hinzugeben. Dann etwa fünf Minuten gut durchkneten. Das Ganze in einer Schüssel eine Stunde ziehen lassen.

2. Brot in kleine Würfel schneiden und in eine Schüssel füllen. Den Käse ebenfalls in kleine Würfel schneiden und zum Brot geben. Etwas Petersilie waschen, auf Küchenpapier trocken schütteln und anschließend fein

hacken.

3. Milch und Eier miteinander verquirlen. Dies gemeinsam mit Buchweizenmehl und Dinkelmehl und der Petersilie zu dem Brot geben. Dies wird nochmals mit Salz und Pfeffer gewürzt. Das Ganze wird zu einem Teig zusammengeknetet und dann 15 Minuten ziehen gelassen.

4. Radieschen säubern, waschen und in feine Scheiben schneiden. Radieschen und den Rest der Petersilie zu dem Krautsalat geben. Das Ganze mit etwas Salz und Pfeffer gut durchmischen. Je nach Bedarf mehr oder weniger Kümmel hinzugeben.

5. Acht Knödel aus dem Teig formen und leicht andrücken. In einer Pfanne etwas Butter erhitzen. Knödel von allen Seiten 3-4 Minuten lang braten. Die Knödel anschließend auf dem Salat anrichten.

6. Beim Transport sollten die Knödel separat vom Krautsalat aufbewahrt und erst beim Verzehr hinzugegeben werden.

Herstellung und Verlag:

BoD – Books on Demand, Norderstedt

ISBN: 9783752609691

© Alina Jung 2020

1. Auflage

Kontakt: Psiana eCom UG/ Berumer Str. 44/ 26844 Jemgum

Covergestaltung: Fenna Larsson

Coverfoto: depositphotos.com

Zeitschrift der
genealogisch-heraldischen Arbeitsgemeinschaft
Roland zu Dortmund e.V.

Sitz Dortmund, gegründet am 24.05.1961

Herausgegeben im Auftrag des
Roland zu Dortmund e.V.
von Christian Loefke

Band 27/28 • 2018/19

Roland zu Dortmund e.V.
Postfach 10 33 41, 44033 Dortmund
E-Mail: info@roland-zu-dortmund.de
Homepage: www.roland-zu-dortmund.de

Vorsitzende: Angela Sigges, 44267 Dortmund – *Stellv. Vorsitzender:* Elke Mehlmann, 44225 Dortmund – *Schriftführer:* Nancy Myers, 59174 Kamen – *Stellv. Schriftführerin:* Renate Heß, 44791 Bochum – *Schatzmeister:* Hans Joachim Tenschert, 44225 Dortmund – *Stellv. Schatzmeisterin:* Gertrud Frohberger, 44627 Herne

Schriftleitung: Christian Loefke, 48147 Münster

Jahresbeitrag für Einzelpersonen € 30,- (Ehepaare € 35,-)
Konto: Sparkasse Schwerte, BLZ 441 524 90, Kto.-Nr. 68 569
fällig im 1. Quartal des Jahres. Der Verein ist vom Finanzamt Dortmund-West als gemeinnützig anerkannt.
    Der Bezugspreis der Zeitschrift (Roland) ist im Mitgliedsbeitrag enthalten. – *Arbeitssitzungen:* Am zweiten Dienstag im Monat um 19.00 Uhr im Hotel Drees, Hohe Straße 107, 44139 Dortmund.

Bibliothek: Im Stadtarchiv Dortmund, Küpferstr. 3. – Öffnung auf Anfrage ☎ 01 76 – 51 25 10 29 oder unter bibliothek@roland-zu-dortmund.de

Satz: Christian Loefke, Münster
Herstellung und Verlag: BoD – Books on Demand, Norderstedt

ISSN 2196-1697
ISBN 978-3-7519-8479-9